인류 최후의 블루오션

팜 비즈니스

인류 최후의 블루오션

팜비즈니스

류창완 지음

FARM
BUSINESS

쌤앤파커스

일러두기
- 전문용어는 우리말샘의 표기법을 따랐다.
- 기업명은 기업의 고유한 표기법을 가급적 따르되, 가독성을 위해 띄거나 붙인 경우가 있다.

가장 오래된 미래산업, 팜 비즈니스

그동안 농업은 인류 생존에 직결되는 산업임에도 불구하고, 제조업, 서비스업 대비 부가가치의 크기가 상대적으로 작다는 측면에서, 그리고 산업 특성상 자동화와 디지털화가 늦어졌다는 측면에서 분명 소외되는 지점이 있었다.

그러나 세계는 인구증가와 더불어 중국, 인도 등 인구 대국들의 식품 소비 증가로 식량부족 문제가 심각하게 대두되는 중이다. 또한 인류가 통제하기 힘든 지구온난화에 따라 기후변화의 위험이 점차 증대하고 있으며, 농약이나 비료 등의 과도한 사용에 따른 환경문제 역시 속출하고 있다. 특히 세계적인 팬데믹을 거치면서 글로벌 공급망 붕괴와 주요 농산물 수출국들의 수출금지로 인한 가격 폭등을 경험하면서 식량안보와 농업의 중요성이 새삼 부각되는 중이다.

최근 들어 4차 산업혁명 기술 등 과학기술의 급속한 발전으로 이러한 식량부족, 환경오염 등 인류가 직면한 난제를 해결할 대안으로 농업에 혁신기술을 접목한 스마트농업이 부상하고 있다. 농업에 다양한 정보통신 기술과 AI, 빅데이터, 로봇 등이 접목되면서 농업은 이제 전통적이고 구시대적인 아날로그 산업의 경계를 넘어 첨단산업으로 진화 중이고, 이에 따라 다양한 창업 기회도 제공할 것으로 보인다. 최근 이러한 환경변화에서 시장 기회를 포착한 세계적인 빅테크 기업과 혁신 스타트업의 참여가 확대되고 있고, 우리나라도 미래산업으로 감지한 역량 있는 창업자들의 참여가 증가하고 있다.

창업과 투자에 가장 크게 열린 문

창업의 관점에서 농식품 벤처는 기술혁신에 따른 새로운 기회 창출이라는 측면 외에도, 먹거리를 다루는 필수산업이라는 점에서 시장의 성장성, 수요의 지속성 등 다양한 매력이 있다. 지금까지는 환경이라는 통제할 수 없는 변수와 더불어 수작업이 많고 생산성이 낮은 산업이라는 인식이 팽배했다. 하나 이제는 자동화 무인화가 추진되고 있고, 레시피 기반 원격재배 기술의 발달로 과일 야채의 수출입이 무의미해지고, 연중 무휴 제조공장형 농장 발달로 산업의 재정의가 필요할 정도로 변화가 예상되고 있다. 특히, 글로벌 투자자들이 선호하는 정밀농업, 실내농장, 농업로봇, 대체육, 농생명공학 등의 창업 테마는 우리나라 창업자들의 관심이 필요한 주제라고 판단된다.

필자는 대학에서 창업과 기업가정신을 가르치며, 캠퍼스 내외의 창업자들을 코칭해오고 있다. 그러면서 느낀 점은 우리나라 창업자들의 비즈니스 모델은 유난히 ICT 분야의 편식이 심하고 다양성이 부족하다는 점이다.

한편 미국, 이스라엘 등 창업 선진국에서는 농업벤처가 유망 스타트업 분야로 꼽힌다. 우리나라는 ICT 편향과 함께 농업 부문 스타트업이 많지 않다. 왜 그럴까? 농업이 후진적 산업이라는 편견과, 육체노동에 기반한 사업이라는 시대착오적 오류의 저변이 뿌리 깊기 때문이 아닐까 한다.

이러한 인식을 바꾸기 위한 노력의 일환으로 필자는 지난 3년간 국내 유명 지식포털에 해외 및 국내의 농식품 벤처 혁신 창업 사례 60편을 연재하였고, 두 번째의 노력으로 농업벤처가 왜 미래 유망 산업이고 블루오션이 될 것인지에 대한 근거 논리와 창업 테마 및 사례를 정리하여 이 책을 출간하게 되었다.

창업 아이디어와 창업 기회는 문제의식에서 출발한다. 제한된 여건에서도 현실에 산적한 문제를 타파하고 변화를 일구어 새로운 가치를 창출하고자 하는 노력과 실행이 기업가정신이다. 이 책의 이야기와 사례들이 읽는 이들의 상상력과 창의력을 자극하면 좋겠다. 더 나아가 독자들이 농업벤처 창업에 대한 새로운 안목으로 더 많은 기회를 보게 된다면 큰 기쁨이 될 것이다. 모방은 창조와 응용의 원천이라고 한다. 음악벤처를 꼭 음대 출신만 창업하지 않듯이, 농업벤처 창업도 전공과 무관하다. 누구나 상상력과 생각의 도끼질을 통해 세상을 바꾸는 혁신적 창업을 구상할 수 있다. 혁신창업을 고민하는 청년층과 귀농귀촌을 준비하는 장년층, 그리고 새로운 블루오션이자 투자처를 찾는 투자자들에게 소중한 영감과 결단의 계기가 되기를 기원한다.

이 책은 크게 세 부문으로 구성되어 있다. 1장에서는 농업의 중요성과 가치, 농업과 기술의 융합, 그리고 창업 등에 관한 내용을 개괄적으로 다룬다. 2장에서는 농식품 창업 테마와 스타트업 동향을 기술했으며, 3, 4장에서는 각각 국내와 해외 스타트업의 부문별 주요 사례들을 담고 있다.

필자는 농업 전문가가 아니다. 창업의 대상으로서 농업을 연구하고 공부하는 사람이다. 따라서 이 책에서 주장하는 내용은 창업 교육 전문가의 목소리에 농산업 전문가들의 연구와 해석을 가미하여 기술했다는 점을 밝혀둔다. 사례의 경우 일부는 직접 창업가와 인터뷰를 하기도 했지만, 많은 부분은 국내외 언론 기사나 분석 보고서들을 참고했다. 또 이 책의 내용에는 농업벤처, 농식품 벤처, 애그테크 스타트업 등 용어의 혼용이 있는데 농식품을 사업 대상으로 하는 기술기반 기업이라는 포괄적 의미로 해석해주기를 바란다.

이 글이 책으로 엮이기까지 많은 분의 도움이 있었다. 먼저, 출판을 맡아주신 쌤앤파커스의 박시형 회장님께 감사의 말씀을 전하고 싶다. 아울러 혁신창업 사례 부문의 자료조사와 정리를 도와준 한양대학교 대학원 창업융합학과의 주미옥 겸임교수와 김나영, 김보근 연구원에게 고맙다는 말을 전한다. 마지막으로 항상 이해와 격려를 아끼지 않는 가족에게 감사와 사랑을 전한다.

류창완

목차

PART 1

왜 농업인가?

farm
business

전설적인 투자자 짐 로저스는 "미래에는 농업이 가장 중요한 사업이 될 것이다. 시간을 다시 되돌릴 수 있다면 농부가 되고 싶다"며 농업의 중요성과 가능성을 강조했다. 불과 150년 전만 해도 인류의 90%가 종사했던 농업은 이제 겨우 5% 남짓이 도맡고 있다. 부의 중심이 농업에서 제조업으로, 다시 제조업에서 서비스업으로 이동하면서 전 세계가 창출하는 부가가치의 5% 정도만 농업에서 발생한다. 반면 60% 이상은 서비스업에서 발생하고 있다. 여러 차례의 산업혁명으로 제조업과 서비스업은 기계화·자동화·대량생산 등을 통한 혁신과 ICT의 접목과 디지털 전환을 통한 혁명을 이뤘지만, 농업은 그러지 못했다. 농업은 산업 특성상 기술의 접목이

더딜 수밖에 없었기 때문이다. 또 수요의 소득탄력성과 가격탄력성이 낮아 소득 증가가 소비 증가로 연결되지 않았고, 가격 하락이 수요량 증가를 유도하지 못해 농업은 산업화 기반의 경제성장에서 소외될 수밖에 없었다.

이런 농업의 행보는 21세기에 들어 이전과 사뭇 다른 양상을 띨 것으로 보인다. 농식품 산업은 생존과 직결되고, 화학비료와 농약 발명으로 생산력이 비약적으로 증가했다. 그럼에도 불구하고 1990년대부터 전 세계의 곡물생산량은 감소하는 중이고, 인구의 증가세는 가속화되고 있다. 또 개발도상국의 경제개발에 따라 1인당 평균 식량 소비량이 급증 중이고, 중국이나 인도 등 인구대국의 경제 수준 향상에 따라 곡물과 육류 소비가 급격히 늘어나고 있다. 또 기후변화로 인한 자연재해 빈발과 환경오염 등으로 건강하고 안전한 먹거리는 점점 더 중요해질 예정이다.

동시에 농식품 산업의 구조적 변화와 디지털 전환의 확대 그리고 4차 산업혁명의 수혜를 입어 그 위상 자체가 달라질 것으로도 보인다. 사물인터넷, 빅데이터, 클라우드, AI 같은 4차 산업혁명의 기술이 로봇, 드론, 자율주행 등과 결합한 스마트팜이 등장하고, 식품의 보존성과 물류의 한계 탓에 이전에는 현실화하기 어렵던 시스템을 구축하는 중이다. 첨단 과학기술과 농업의 광범위한 융복합 및 기술개발로 농업이 새로운 혁신과 성장의 동력으로 인식되며 다양한 형태의 새로운 비즈니스 기회를 제공할 것으로 보인다.

farm
business

인구증가와 식량 부족

전 세계의 인구는 매일 25만 명씩 증가하고 있다. 유엔경제사
회국DESA의 자료에 따르면 1800년에 10억 명이던 세계 인구는
2000년에 60억 명으로 빠르게 증가했고, 2050년에는 97억 명,
2100년에는 110억 명에 이를 것으로 예측된다. 이에 따라 유엔식
량농업기구FAO는 2050년이 되었을 때 인류가 굶지 않으려면 지금
보다 식량을 70% 더 생산해야 한다고 경고한다.

식량문제는 공급이 수요를 충족하지 못하는 수급불균형 때문에
발생한다. 수요 측면에서 본 식량문제의 첫 번째 요인은 인구증가
이다. 아시아, 아프리카 개발도상국을 중심으로 인구가 빠르게 증
가하고 있어 30년 후에는 전 세계 인구가 지금보다 약 20억 명 증

가할 것으로 예측된다. 지금도 국가 및 지역 간 식량 분배 등의 문제로 전 세계 인구의 15%에 달하는 10억 명 정도가 기아 상태로 삶을 연명하고 있어 식량의 획기적 증산 방안이 없는 상태에서 인구 급증은 큰 위협이 될 수밖에 없다.

두 번째 요인은 경제성장과 소득 증가이다. 소득이 일정 수준에 도달하면 식량 수요는 정체되지만, 낮은 소득수준에서는 소득 증가에 비례해 식량 수요가 증가한다. 현재 세계 인구의 80%가 개발 도상국이라는 점을 고려하면 식량 수요의 증가는 매우 가파를 수밖에 없다. 특히 세계 인구의 36%를 차지하는 중국과 인도의 빠른

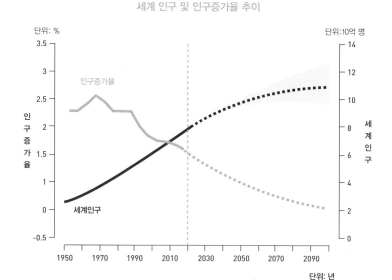

세계 인구 및 인구증가율 추이

출처: UN, DESA

경제성장은 세계 식량 수급의 구조 자체를 바꾸고 있다. 인구대국의 산업화와 소득 증가는 육류 소비로 이어지고, 사료용 곡물의 수요 증가로 이어져 식량 부족 문제를 심화시키킨다. 소고기 1kg 생산을 위해서는 곡물 사료가 8kg 필요하고, 전 세계 경작 면적의 30%가 곡물 사료 생산에 이용된다. 산업화에 따른 소득 증가는 자연스레 육류의 소비 증가를 부르고 따라서 식량안보를 위협하는 원인이 되는 것이다.

세 번째 요인은 바이오 에너지 생산에 따른 곡물 수요 증가이다. 고유가와 화석연료에 대응해 재생가능하고 친환경적인 바이오연료 개발 붐이 일면서 옥수수, 사탕수수를 이용한 바이오에탄올 등의 생산이 증가하고 있다.

공급 측면에서 본 식량문제는 기술혁신을 통한 농업생산성 증대로 어느 정도 대응되었다. 1950~60년대 있었던 녹색혁명으로 병충해에 강하고 다수확 가능한 품종을 개발했고 화학비료와 농약의 개발, 농기계를 통해 토지생산성과 노동생산성을 획기적으로 개선해 대량생산체제를 갖출 수 있었다.

그러나 이러한 대량생산체제로 인한 여러 문제와 폐해도 나타나고 있다. 첫째, 농약과 비료 등 농자재의 대량 사용으로 토양오염 등 다양한 환경문제가 야기되었다. 둘째, 개발도상국 경제성장에 따른 도시화와 산업화로 경작 가능 농지가 감소하고, 기후변화로 인한 사막화 등으로 전 세계의 경지면적 감소가 가속화되었다.

셋째, 세계 물 사용량의 70%는 농업용수로 쓰이는데 무분별한 지하수 개발, 이상기후로 인한 수자원 부족은 그 자체로 문제이며 동시에 다시 식량 생산에 큰 악영향을 끼치고 있다. 미래 식량 위기 문제의 대응을 위한 수요 측면의 해법은 지역별, 국가별 특수성에 따라 대응이 쉽지 않다. 따라서 공급 측면에서 혁신적인 기술개발, 다양한 응용기술 접목으로 안정적인 식량 생산 방안 마련과 인류의 공통 난제를 함께 해결해야 할 시점이 되었다.

안전한 식량 수급과 식량안보

식량 생산은 기후나 토양의 특성상 지역 편중이 클 수밖에 없다. 일부 국가에서만 수출이 가능하고, 수입을 원하는 국가는 다수로 분산되어 있다. 즉 과점적 특성으로 언제든 수급 불안이 발생할 수 있고, 수요국들의 가수요가 더해져 세계적으로 수급 불균형과 불확실성은 더욱 심화될 것으로 예측된다.

2007~2008년, 2010~2011년에 발생한 글로벌 곡물 파동으로 농산물 가격 급등이 주도한 물가상승 현상인 애그플레이션agflation, agriculture + inflation이 발생했다. 또 세계적인 전염병인 코로나 19로 대두된 식량 위기론은 식량의 가용성과 국제 이동성 제한이 불러온 불확실성이 연쇄 수출제한을 유발했다. 이 사건들은 글로벌 식

량난이 야기될 수 있음을 시사했다.

　2020년 시작된 팬데믹은 국제 물류체계 마비, 곡물 수출국의 식량안보 목적의 수출금지 움직임의 원인이 되었다. 국제무역기구WTO, 세계보건기구WHO, 국제연합식량연합기구FAO까지 세 기구 사무총장의 공동성명에도 불구하고 러시아, 우크라이나, 브라질, 베트남 등 22개국은 곡물 수출제한 조치를 발표했고 이에 따라 이집트, 사우디 등 일부 곡물 수입국은 대규모 곡물 비축에 나섰다. 다행히 곡물 수출제한 조치는 곧 풀렸지만, 세계 공급망 붕괴와 초과수요로 인한 각종 원자재 가격, 특히 식량 가격의 폭등은 식량안보와 위협이 얼마든지 현실이 될 수 있음을 보여준 일대 사건이었다. 당장 2022년, 전 세계 밀 수출 1위 국가인 러시아는 우크라이나 침공으로 인한 서구의 경제제재에 대응해 밀 수출제한 조치를

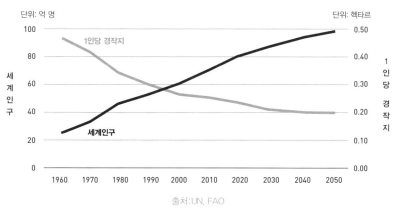

세계 인구와 1인당 경작지 변화 추이

출처:UN, FAO

발표하기도 했다. '유럽의 빵 공장'이라고 불리는 우크라이나도 이에 질세라 수출제한 및 밀 생산 차질 등으로 인해 세계 밀 가격이 폭등했다.

2021년 기준 우리나라의 식량자급률은 40.5%로 OECD 국가 중 가장 낮다. 사료 등 산업용 곡물까지 포함한 곡물 자급률은 18.5%에 불과하다. 필요 곡물의 80% 이상을 수입하고 있는 셈이다. 식생활이 변함에 따라 1인당 밀 연간 소비량은 쌀 연간 소비량 61kg의 절반인 31.6kg까지 증가했으나 자급률은 0.7%에 불과하다. 서유럽이나 북미 등 선진국의 주요 작물 자급률은 100%를 훨씬 초과하며 OECD 국가의 식량자급률 평균은 110%에 이른다. 한국처럼 이들 국가도 농업 부가가치가 GDP의 1~2%에 불과하지만, 농업을 지키고 식량자급률을 유지하는 이유는 식량안보 때문이다. 식량안보에 긴요한 농산물은 자국 내 생산으로 충족되어야 한다는 원칙을 따르는 것이다. 사막으로 둘러싸인 이스라엘, 산악지대로 뒤덮인 스위스도 식량자급률이 우리보다 높다. 이처럼 농업은 돈이 안 된다는 이유로, 비효율적인 산업이란 이유로, 땅이 좁아 경쟁력이 없다는 이유로 무시할 수 없는 필수산업이다.

우리나라 GDP 중 농업이 차지하는 비중은 해마다 줄어 현재 2%에도 못 미친다. 하지만 지금 여러 차례 이야기하듯, 경제적 가치가 2%라고 해서 중요성도 2%는 아니다. 극단적인 상황을 가정해 반도체, 자동차, 휴대폰 없이는 살 수 있어도 식량 없이는 살 수 없다. 한국에는 골프장이 480곳이나 있다고 한다. 이 골프장의 부지를 합치면 서울시의 면적과 비슷하다. 밀, 콩 등 필수 곡물의 수입이 어려워지면 골프장을 콩밭으로, 한강 둔치나 올림픽공원을 밀밭으로 바꿔야 할지도 모른다.

식량안보 문제는 당장 식량이 부족해서가 아닌, 미래에 발생할 수 있는 상황에 대비하기 위한 예방적 차원의 문제다. 국가가 평시에도 군대를 운영하고, 가정에서 화재보험에 가입하는 것과 같은 원리다.

농업의 다원적 가치 증가

농업은 다른 산업과 달리 단순한 경제적 가치에 더해 문화, 환경보존, 국가안보 등을 감안해 중요도를 평가해야 한다. 앞서 설명한 대로 농업이 우리 GDP에서 차지하는 비중은 2% 미만이지만, 시장가치로 따질 수 없는 무형의 가치와 인간의 생명을 좌우하는 필수재를 생산한다는 측면에서 본다면 국가 기간산업이라고 할 수 있다.

최근 소득수준이 오르며 물질적 풍요보다 마음의 풍요와 정신적 행복을 추구하는 쪽으로 의식이 바뀌고 있다. 지금까지 농업은 쇠

퇴하는 산업이었고 농촌은 그저 소외된 고향이었다면 앞으로 전개될 감성 사회에서 농업은 다시금 성장잠재력을 주목받을 것으로 보인다. 특히 도시의 주거비 상승, 수명 증가에 따라 각박한 도시를 떠나 귀농귀촌하는 인구가 증가하고 있다. 또한 ICT 발달, 교통망 확충으로 도시와 물리적 거리가 가까워지면서 농산물 생산 외 새로운 융합형 비즈니스모델이 등장하고 있다. 감동과 스토리를 중시하는 도시 수요자에 맞춘 청년 농부와 다양한 전문직에 종사하다 귀농귀촌한 시니어가 전통적 농부의 개념을 바꾸고 있고, 기존의 관행농업에 새로운 기술과 마케팅을 접목하면서 새로운 활력소가 되고 있다. 또한 팬데믹 이후 언택트 시대가 열리면서 농촌에서 전원생활을 하며 다양한 전문 영역에서 업무를 수행하는 새로운 형태의 프리랜서도 증가하고 있다.

환경보호, 생태주의, 전통문화 계승 등 농업의 다원적 가치에 대한 인식이 확대되면서 자연친화적이고 친환경적으로 휴양과 문화가 접목된 새로운 농업 비즈니스가 탄생할 것으로 기대된다. 이에 따라 농촌의 여유와 감성, 낭만적 요소를 겸비한 관광이나 휴양, 케어 팜, 의료복지산업 등이 더욱 발전할 것으로 보인다. 또한 젊은 세대의 업무공간 수요에 맞춰 도시 밖 위성 사무실과 공유 오피스, 워케이션 빌리지 등도 증가할 것이다.

디지털농업과 첨단기술의 접목

세계적인 인구증가, 식량문제, 지구온난화로 인한 기후변화, 과도한 농자재 사용으로 인한 환경문제 등 인류가 직면한 현안 해결을 위한 대책으로 스마트농업이 주목받고 있다. 21세기 이후 급속히 발달한 IoT, 클라우드, 빅데이터, AI, 생명공학 등이 농업과 융복합되면서 농업은 이제 전통적 경계를 넘어 첨단산업으로 진화 중이다. 이로써 무수한 신사업 기회가 열릴 것으로 보인다.

농업은 토양, 온도, 강수량, 일조량 등 인간이 통제할 수 없는 환경에 지배를 받고 사람의 수작업이 필요한 특성상 산업화와 디지털화가 더디며 타 산업 대비 생산성이 낮은 편이었다. 지금까지는 이러한 변수를 계량적으로 측정하고 정보를 활용하는 기술이 부족

했기 때문이다. 하지만 최근 인공위성, 컴퓨터비전, 드론, 로봇 등이 인터넷으로 연결되면서 수많은 데이터가 지속적으로 생성, 저장되고 AI가 분석, 가공해 최적의 의사결정을 하는 데 도움을 준다. 이 덕분에 최적의 생육조건을 구현해 생산성을 끌어올려 고품질 농산물을 생산함으로써 이제껏 경험하지 못했던 다양한 가치를 창출할 수 있게 되었다.

스마트농업이란 ICT, 생명공학기술BT, 유전공학기술GT을 비롯, IoT, 클라우드, 로봇, AI 등 4차 산업혁명 기술이 생산부터 유통, 소비에 이르는 농업 전반의 밸류 체인과 접목해 농업 전체를 스마트화하는 개념으로 디지털농업, 정밀농업, 스마트팜 등 다양한 용어로 혼용되고 있다.

미국, 호주 등 대단위 면적의 조방농업 국가에서는 노지농업과 관련한 위성, 드론, 센서, 로봇 등을 활용한 정밀농업 중심으로 발달하고 있다. 네덜란드, 덴마크, 독일 등 유럽의 농업 선진국은 좁은 농토를 효율적으로 활용하면서 생산성을 극대화하는 유리온실 구축, 자동화 솔루션, 식물공장 등이 스마트팜을 중심으로 발달하고 있다. 한국의 경우 온실, 축사 등 시설과 생육환경을 원격, 자동 제어하는 개념으로 주로 사용되고 있다.

이와 함께 최근 많이 언급되는 용어로 애그테크AgTech가 있다. 애그테크는 농업agriculture과 기술technology을 결합한 합성어로, 스마트농업과 정밀농업을 실현하는 기술을 망라하는 개념으로 쓰인다.

이제 농업은 첨단기술이 접목되고, 단순노동에 기반한 생산업이 아닌 대량생산이 가능한 첨단산업으로 인식되면서 존디어나 몬산토 등 전통적인 농기계, 농화학 등 농업전문 기업의 과감한 인수합병이 이뤄지고 있다. 이뿐만 아니라 구글 등 농업과 무관한 빅테크 기업도 뛰어들고 있다. 특히 스타트업계에서는 이제 막 기회가 열렸다는 인식이 퍼지면서 다양한 분야에 뛰어들어 성과를 거두고 있다. 이처럼 농업에 선순환 고리가 만들어지면서 자연스럽게 글로벌 기관의 투자 금액도 급격히 증가하고 있다.

스마트농업의 부상

2016년, 미국의 초일류 종자 기업 몬산토를 인수한 독일의 바이엘은 디지털농업의 선두에 서기 위해 다양한 준비를 했다. 먼저 농산물 재배에 관한 방대한 데이터를 연관 분석했다. 이 결과를 바탕으로 농산물 재배에 관한 의사결정을 돕는 디지털 파밍 기술과 클라우드 기반의 디지털농업 체계를 구축할 수 있었다. 몬산토가 보유한 미국 250만 곳의 기온 및 강수량 등 기후 정보, 60년간 쌓은 토양 데이터 및 수확 정보 등을 바탕으로 경작지별 적합 품종, 파종 시기, 예상 수확량, 적정 판매가 등을 제시함은 물론이고 병충해 해결책까지 지원하고 있다.

2016년, 중국의 국영 화학 기업 켐차이나는 스위스의 농생물공학 기업 신젠타를 430억 달러에 인수함으로써 글로벌 농업시장의 중심에 서게 되었다. 이 인수는 14억 인구대국인 중국의 만성적 식량 부족 탈피와 식량안보를 위한 장기적인 대비책이기도 했다. 앞으로도 중국은 자본력을 바탕으로 넓은 토지에 걸쳐 각 농가에서 축적한 방대한 양의 데이터와 위성 데이터 등을 활용하여 디지털 농업을 빠르게 고도화할 것으로 보인다.

존디어라는 브랜드로 잘 알려진 미국의 종합 농기계 기업 디어앤컴퍼니는 이제 더 이상 기계를 제조하는 기업이 아니다. 각종 농기계에 부착된 토양분석 센서를 통해 수집하고 분석한 각 필지의 데이터를 이용하는 종합 농업솔루션 기업으로 변신을 꾀하고 있다. 이러한 전략을 달성하기 위해 핵심적인 애그테크 기업을 적극적으로 인수하여 자사의 다양한 인프라와 접목하고 결합함으로써 혁신 솔루션을 개발하고 있다. 현재 전체 매출의 반 이상이 해외에서 발생하고, 최근 3년 동안 기업가치가 3배 상승하는 성과를 내고 있다. 존디어는 빅데이터, 자율주행 등 첨단기술을 접목한 농기계를 선보이며 '농기계의 테슬라'라는 애칭으로 불리기도 한다. 또한 CNH 인더스트리얼, AGCO, 구보타, 얀마 등 전통적 농기계 기업도 다양한 디지털 기술과의 접목을 통해 혁신에 앞장서고 있기는 매한가지다.

전 세계의 투자금이 몰리고 있는 농업

농업에 다양한 4차 산업혁명 기술이 접목되어 첨단산업으로 진화할 것이 예상됨에 따라 애그테크 스타트업이 전 세계 투자자의 주목을 받고 있다. 미래에 예상되는 식량문제, 기후변화, 환경문제를 해소하기 위해서는 획기적으로 생산성을 높일 수 있는 혁신기술이나 대체식량 등이 대안이 될 수밖에 없다는 판단에 따른 결과다.

농식품 분야 글로벌 투자기관인 애그펀더에 따르면 2021년 기준 전 세계 애그테크 분야의 투자액은 517억 달러이다. 2012년부터 연평균 약 47% 증가해 2012년 대비 17배 가까이 증가한 금액

연도별 세계 애그테크 기업 투자액 추이

단위: 억 달러

출처: 애그펀더, 〈2022 애그리푸드테크 투자 리포트〉

분야별 애그테크 투자 현황 (2020–2021년)

분야	사업 내용	투자 금액 (억 달러)	투자 건수 (건)	투자액 비중 (%)
식품 전자상거래	가공 · 처리 전의 농업용 제품 판매 및 배송을 위한 온라인 판매점, 플랫폼	236	545	31.1
유통 기술	식품 이력 관리, 물류 및 운송, 배송 처리 기술 등	91	720	12.0
혁신 식품	배양육, 신규 성분 및 식물성 단백질 등 대체식품 등	71	684	9.4
매장 내 소매, 레스토랑 기술	선반 적재 로봇, 3D 식품 프린터, POS 시스템, IoT 쓰레기 모니터링	66	668	8.7
클라우드 소매 인프라	온디맨드 기술, 배달 전문 주방, 매장 내 서빙로봇 및 서비스	67	251	8.8
레스토랑 마켓플레이스	다양한 농식료품 배달 플랫폼.	59	150	7.8
농업 생명공학	유전학, 마이크로바이옴, 동물 건강, 작물 · 동물 생장에 대한 요소	42	388	5.5
신규 농업 시스템	인도어팜, 수경재배 및 양식업 등 아쿠아컬처, 곤충 · 조류 생산	36	216	4.7
바이오에너지& 바이오소재	비식품 추출 및 가공, 원료 기술, 대마 의약품 등	28.7	303	3.8
애그비즈 마켓플레이스	온라인 농자재 거래 플랫폼, 농기구 조달, 임대 등	24	199	3.2
농장관리 소프트웨어 · 센싱 · IoT	농축산데이터 캡처 장비, 의사결정 지원 소프트웨어, 빅데이터 분석	20.8	349	2.7
온라인 레스토랑 및 밀키트	반조리 식사나 재료, 밀키트	17.7	422	2.3
로보틱스 · 기계화 · 농업 장비	농기계, 자동화, 드론, 재배 장비 등	12.8	233	1.7

출처: 애그펀더, 〈애그리푸드테크 투자 리포트〉 각 호 (2021, 2022)

이다. 세계 최대 농업국인 미국이 210억 달러로 가장 투자가 활발했고, 중국(73억 달러), 인도(40억 달러), 독일(30억 달러)이 그 뒤를 이었다. 애그테크 분야에 대한 투자는 작은 규모의 스타트업, 벤처기업의 비중이 큰 특성상 초기 기업에 투자하는 액셀러레이터나 벤처캐피털의 투자 비율이 높다. 2021년 기준으로 가장 활발한 투자를 보인 곳은 SOSV(63건), 와이콤비네이터(48건), 테크스타(41건), S2G벤처스(39건), 타이거 글로벌 매니지먼트(30건) 등이다.

지금까지 농업 관련 투자는 수직농장 등 인도어팜 제작, 농생명공학, 정밀농업 등 후방산업 비중이 상대적으로 높았으나 최근 팬데믹의 영향으로 임파서블 푸드 등의 대체식품기업, 인스타카트, 고퍼프 같은 배송 기반 식품 전자상거래 및 유통 기업 등 전방산업에 대한 투자가 증가하는 추세이다.

국내 애그테크 스타트업의 동향과 가능성

우리나라의 농업에 대한 인식과 산업적 평가는 선진국에 비해 매우 저평가 되어 있다. 여러 이유가 있겠지만, 농업이라고 하면 어렵던 시절의 자급형, 후진적 이미지가 남아 있고, 압축 성장에서도 소외되어 지원과 시혜의 대상으로 여겨졌기 때문이다. 21세기 들어 한국뿐만 아니라 미국, 중국, EU 등 주요국이 벤처와 스타트업 활성화를 통한 혁신경제 실현을 외칠 때에도 농업벤처는 이론에만 존재하는 용어일 뿐 현장에서는 찾아보기 어려웠다. 실제로 미국, 이스라엘, 유럽 등의 대학교 창업센터나 민간 스타트업 인큐베이팅 기관을 보면 통상 입주 기업의 20% 정도는 농식품 벤처이고 창업 성과가 큰 분야로 평가받지만, 한국에서는 농업 분야 창업자를 찾기 힘들다. 국가적으로 디지털과 농업의 결합에 대해 이해와 안목이 부족했고, 이 문제를 교정하고 가르치는 곳도 찾기 힘들었다.

다행히 외국의 사례들을 보며 한국 스타트업 시장에도 변화의 바람이 일고 있다. 최근 인도어팜, 농업 데이터, 대체식품, 유통 등 다양한 분야에서 토종 혁신기업이 많이 탄생하고 있다. 이 책에서 혁신 창업 사례로 다룰 기업을 포함해 애크테크에서 주목받는 스타트업을 정리하면 오른쪽과 같다.

가능성과 과제

농업 분야의 창업은 미국이나 호주처럼 경지면적이 넓은 나라에서나 가능하지 않을까 생각할 수 있지만, 그것은 옛날이야기이다. 농업기술 선진국인 이스라엘은 국토의 60%가 사막이고, 연간 강수량이 우리나라의 절반에도 못 미치는 물 부족 국가이다. 이러한

한국의 주요 애그테크 기업		단위 : 억 원
기업명	사업 내용	누적 투자 금액
그린랩스	클라우드 기반 스마트팜 솔루션	2,205
트릿지	글로벌 농산물 온라인 거래 플랫폼	1,418
정육각	초 신선 돼지고기, 닭고기, 달걀 등 축산물 온라인 판매	697
얌테이블	수산물 양식 및 초신선 D2C 유통	352
이그린글로벌	마이크로튜버micro tuber 기술을 활용한 종자 생산	352
엑셀세라퓨틱스	줄기세포 배양에 사용되는 무혈청 화학조성 배지	332
만나CEA	혁신적인 작물 재배 시스템을 통해 직접 채소를 생산, IT 기술기반 판매와 유통 서비스	331
지구인컴퍼니	식물성 원재료 기반 대체육 생산	325
엔씽	ICT 기술을 접목한 컨테이너형 첨단 스마트팜	320
위쿡	공유주방 및 F&B 비즈니스 플랫폼	282
팜에이트	환경제어 기술을 적용한 식물공장	260
넥스트온	폐 터널을 활용한 인도어팜	235
바이오믹스테크	대체육 및 대체해산물 등 식물성 대체식품 생산 및 판매	200
푸드팡	식당 등 요식업체를 위한 식자재 직거래 플랫폼	158
셀미트	소, 돼지의 줄기세포를 이용한 배양육 가공	154
어메이징브루잉 컴퍼니	한국형 소형 맥주 양조장과 소비자 취향 저격 맥주 매장	110
㈜벤디스 (식권대장)	종이 식권을 어플리케이션으로 전환한 식권 결제 O2O 플랫폼	106
다나그린	혈청 유래 단백질 기반 지지체 개발 및 3차원 세포배양 키트	100
인테이크	푸드테크 기반 대체식품 쇼핑몰	83억

출처: 〈THE VC〉 및 언론기사 참조

환경을 극복하기 위해 기술개발에 노력한 결과 세계 제1의 관수 기술과 센싱 기술을 보유한 스타트업이 수없이 배출되고 있으며, 오렌지와 방울토마토를 해외에 수출하는 국가이기도 하다.

네덜란드는 어떠한가. 경지면적은 우리와 비슷하지만 농업인구는 1/7에 불과하다. 정부가 농업구조개선 기금을 마련해 적극적으로 대형화, 기업화를 촉진하여 호당 경지면적을 24헥타르까지 넓혔다. 농민들 스스로 비즈니스맨이자 기업가라고 인식한다. 기업가정신으로 무장한 네덜란드 농민의 성과는 대단하다. 농업인구는 43만 명으로 인구의 2.6%이지만 GDP의 10%를 생산한다. 매출 500억 원이 넘는 농기업만 2,000개를 넘는다고 한다.

이스라엘의 대통령이었던 시몬 페레스는 "농업은 95%가 과학기술이고 5%가 노동이다"라고 말했다. 많은 학자가 말하길 미래 농업은 농작업이 무인화, 지능화되어 첨단시설과 장비 그리고 데이터가 사람을 대신하는 산업현장이 될 것이라 한다. 여태까지 농업의 경쟁력은 토지나 노동력이었지만 앞으로는 로봇과 자동화 시설, 그리고 실시간 측정되고 축적되어 지능의 원천으로 활용되는 데이터라는 것이다.

우리나라는 세계 최고의 정보통신 기술과 벤처 인프라, 제조 기술과 고학력 인적자원 등 다양한 기초 역량을 지니고 있다. 4차 산업 시대의 혁신은 타 산업기술과 경험의 융합이 중요하다. 성공한 벤처 기업가나 관련 부분의 기술선도 기업들이 애그테크 분야에 참여한다면 성공 가능성은 매우 높다.

이제 농업 경쟁력의 원천이 과거처럼 토지나 노동력이 아니라, 시설과 장비 등 우리에게 유리한 방향으로 전환 중이다. 우리에게 새로운 기회가 오는 것이다. 세계 최고의 제조역량과 인적자본과 기술이 있다. 청년들의 창업 의지도 크고 정부의 견인정책도 우수하다. 더욱이 농식품 시장은 경기에 민감하지 않고 꾸준한 수요가 보장돼 시장규모 또한 성장할 전망이다. 세계 1위에 오른 우리의 조선업은 자본도 기술도 없는 불모지에서 한 기업가의 기업가정신과 발상의 전환에서 시작되었다. 농업 역시 추후 제2의 조선, 반도체, 휴대폰, K-POP으로 성장할 것이다.

농식품 산업의 창업 기회 분석

창업 관점에서의 농식품 산업의 경쟁력

세계는 인구증가와 식량문제, 기후변화, 환경오염 등 다양한 문제의 해결 수단으로 혁신기술을 접목한 스마트농업, 디지털농업으로의 전환을 꾀하고 있다. 이러한 환경의 변화에 시장 기회를 포착한 세계적인 테크기업과 혁신 스타트업의 참여가 확대되고 있다. 그렇다면 농식품 벤처 창업은 얼마나 경쟁력이 있고 매력적인 분야일까?

창업 기회를 객관적으로 평가하는 방법은 학문적으로 정확히 정립되어 있지 않다. 비즈니스는 같은 조건이라 하더라도 누가 하느냐에 따라 결과가 다르고 투입과 산출 역시 선형적이지 않기 때문이다. 또한 사업은 살아있는 생물처럼 지속적으로 변하는 환경에 능동적으로 대응하고 새롭게 변신하며 끊임없이 기회를 만들어가는 과정이기 때문이다.

사업 포트폴리오 결정에서 가장 중요한 요소가 산업매력도이다. 해당 산업의 시장규모가 크고 성장률이 높으며 경쟁 강도가 낮으면 매력적인 산업이다. 창업은 이러한 매력도가 높은 산업에 진입하는 편이 좋다. 미국의 저명한 경영학자 마이클 포터는 특정 산업 내 기업의 수익성은 해당 산업 내 참여자 간 경쟁 강도에 영향을 받으며 그 경쟁 강도는 신규 기업의 위협, 대체품의 위협, 공급자 및 구매자와의 교섭력, 경쟁기업 간 경쟁의식 등 5가지 힘에 따라 결정된다고 한다.

미국의 브루스 메리필드 박사와 일본의 오오에 교수가 제안한 BMO 모델은 사업타당성 평가 방법론으로 벤처 비즈니스모델 평가에 많이 활용된다. BMO 모델의 창업매력도 평가기준은 시장규모, 성장성, 경쟁 강도, 위험분산 가능성, 신규사업 구축 가능성, 사회적 가치 우호성 등 6가지이다. 이 BMO 모델로 농식품 벤처의 창업매력도를 점검해보자.

시장규모

농식품 산업은 세상에서 가장 오래되고 가장 규모가 큰 산업이다. 또한 현재도 수요를 따라가지 못하는 공급부족 시장이다. 농식품 시장규모는 새로운 기술을 기반으로 한 인도어팜, 대체식품 등 새로운 형태의 생산방식 도입과 수요증가로 시장규모는 지속적으로 커질 예정이다.

성장성

세계 절대 인구증가와 중국, 인도 등 개발도상국들의 소득 증가로 인한 수요 증대, 수명 증가로 인한 시장 확대, 그리고 인도어팜 등 새로운 형태의 경작 시스템 증가와 농업로봇 등 자동화기기의 보급 확산, 정밀농업 기술의 보편화, 대체식품 시장의 성장 등 새로운 기술기반 농업시스템과 생산품의 증가에 따라 전체 시장규모가 대폭 커질 전망이다.

경쟁 강도

농식품 산업은 가장 유서 깊은 시장인 동시에 생산, 가공, 유통 측면의 기술기반 벤처산업이라는 측면에서는 이제 막 태동하는 신사업 분야라고 할 수 있다. 따라서 시장규모 대비 경쟁 강도가 높지 않고, 우리나라의 정보통신 기술과 제조 기술, 벤처 역량을 잘 발휘하면 세계시장을 선도할 수 있는 잠재력이 있다.

위험분산 가능성

농식품 분야는 누구나 필요한 필수재 산업이요 생명 산업이다. 시장의 범위도 넓고 크다. 또한 애그테크 산업은 타 산업에서 적용되고 있는 비교적 검증된 기술을 응용하는 산업이므로 기술위험이 작다.

신규산업 구축 가능성

애그테크 산업은 새로운 기술과의 융합으로 신사업 창출 기회가 많고 이제 막 기회의 창이 열린 산업이다. 또한 디지털 전환이 미진한 분야가 많아 기술융합 성과가 크다. 따라서 기존 농업의 개념과 관행을 뛰어넘는 새로운 혁신 산업으로 자리 잡을 가능성이 크다.

사회적 가치 우호성

식물공장 등 환경을 제어하는 제조형 실내농업과 자동화된 노지 농업의 발달로 '9 to 6' 출퇴근형 화이트칼라 농부의 시대가 실현되고, 정보통신 기술환경에 익숙한 청년 농부가 증가하며, 노동력보다 지식기반 업무 보편화로 시니어들의 다양한 일자리가 창출될 것이다. 인류의 생존과 건강을 책임지는 산업이다.

농식품 산업의 창업 기회 분석

성공적인 창업을 위해서는 좋은 기회가 필요하다. 또 이렇게 만난 기회가 창업으로 잘 연결되기 위해서는 기회의 창을 잘 활용해야 한다. 기회의 창이란 기술혁신, 산업구조의 변화, 시장과 고객의 변화, 정부 정책의 변화 속에 사업의 성공 가능성이 큰 기회는 한정된 시간 내에만 존재하고, 그렇기에 적절한 시장진입의 타이밍을 포착해야 한다는 개념이다. 기회의 창이 항상 열려 있지는 않다. 시장의 매력도는 시간의 경과에 따라 진입자의 증가와 함께 떨어지기 마련이다. 여태의 벤처 성공 사례만 봐도 시장진입의 타이밍이 얼마나 중요한지 알 수 있다.

농식품 산업은 AI, 빅데이터, 로봇 등 혁신기술과의 결합으로 산업구조의 대변화를 앞두고 있다. 많은 전문가가 10년 후 들판에는 로봇이 농사를 짓고 모든 농작업은 자율주행을 통해 밤낮 구분 없이 365일 경작하는 시대가 올 것이라고 한다. 몇몇 선진국의 혁신 기업들은 벌써 출발의 경적을 울리는 중이다. 많은 글로벌 투자자들의 투자자금 추이를 보면 앞으로 돈 되는 시장이라는 것은 충분히 예측가능하다.

창업의 기회는 보통 기술적 발견, 가치관이나 생활양식의 변화, 천재지변 등 환경의 변화, 정부 규제의 변화 등에서 나온다고 알려져 있다. 혁신 창업은 과학기술의 변화 시기에 무더기로 나온다. 20세기 수많은 기술혁신과 발명으로 수많은 창업이 이루어졌고 20세기 후반 정보통신 혁명으로 거대한 IT 산업군을 만들어냈다. 최근의 경우 스마트폰 기술과 전기차 AI의 확산으로 글로벌 기업가치 상위 10개 기업이 대부분 빅테크 기업으로 대체되고 있다.

창업의 관점에서 농식품 부문은 과학기술의 접목과 인구변화, 생활양식의 변화에서 많은 창업의 기회가 창출될 것으로 보인다. 부족한 식량의 안전한 공급수단으로 인도어팜과 식물공장이 보급 및 확산되고, 농업부문 인구의 고령화, 휴경화를 방지하고 환경오염 방지를 위한 정밀농업, AI 기반 자동화 기술의 도입이 가속화되고 있다. 아울러 동물복지를 도모하고 산림황폐화와 온실가스 감축을 위한 대체식품이 폭넓게 개발되고, 농촌에 대한 문화적, 환경적 재평가를 통한 다원적 기능의 중요성 증가하고 있으며, 치유와 정주 공간을 활용한 새로운 비즈니스도 열리고 있다.

창업 아이디어는 폭넓은 지식의 축적에서 나온다. 관심 있는 분야와 인접 분야에 대한 광범위한 지식을 쌓다 보면 지식이 융합되고 파생되며 새로운 기회를 잡을 수 있다. 또한 진출 희망분야에 대한 깊이 있는 산업분석과 전 세계 유관 기업들의 기술, 비즈니스 모델, 영업전략, 특허전략을 분석하다 보면 새로운 좌표와 길이 보이기 시작할 것이다. 이제는 어깨너머로 배운 풍월로 창업했다간 백전백패한다. 준비된 기술창업만이 살길이다.

다음의 표는 인류가 닥친 해결해야 할 현안과제와 그 외 매칭된 해결 기술을 중심으로 정리한 창업 기회 예시표이다.

현안과제	해결대안	창업 기회 예시
• 농약, 비료의 과다 사용으로 인한 환경오염 • 농업생산성 제고를 위한 제2의 녹색혁명 필요	정밀 농업 처방 농업	– 기상, 토양 탐지 센서 개발 – 무선 데이터, 영상 수집 분석 장치 – 빅데이터 기반 농업 클라우드 서비스 – 노지 환경 계측 및 제어 시스템 – 방제, 탐지, 모니터링용 드론 개발
• 고령화, 인력 부족, 휴경지증가 • 수작업 중심 농작업의 로봇화로 생산성 증대	농업로봇	– 작물별 수확로봇 개발 (고추, 딸기, 토마토 등 야채류, 사과, 포도, 밤 등 과수류) – 제초, 파종, 육묘용 로봇 개발 – 유해동물 퇴치로봇(예: 로봇 허수아비) – 위치기반 자동제어 솔루션
• 기후변화 대응 • 식량문제 해결 • 제조형 농업 실현 • 도시농업 확산	인도어팜 인공수분	– 작물별 최적 생육 통제 시스템 개발 – 도심형 온디맨드 농장 운영 – 식물공장용 맞춤형 조명장치 개발 – 수분(Pollination)용 드론, 수분 양봉업 – 에어로포닉스, 하이드로포닉스 등 인도어팜 시스템 개발 – 도심옥상을 이용한 도시농업형 레스토랑, 카페 운영 등
• 축산 온실가스 감축 • 환경 보전 • 동물 생명 윤리 • 육류 공급 부족	대체식품	– 세포배양육(쇠고기, 닭고기 등), 식물성 단백질(해산물, 우유, 계란 등) 연구개발 및 생산 – 식용곤충 자동 양식 시스템 개발 – 식용곤충 양식장 운영,가공 및 제품생산 – 곤충 단백질을 이용한 펫 사료 생산, 유통
• 농산물 유통 혁신 • 식자재 낭비 방지 • 푸드 체인의 투명성 확보	디지털 유통	– 생산자, 소비자 직거래 매칭 플랫폼 – 농산물 생산 이력제 관리 시스템 – 반조리 식품 생산 및 공급

PART 2

업종별 현황과
발전 가능성 분석

1부에서는 농업의 가치와 그 중요성을 다양한 측면에서 검토하고, 과학기술과의 융합으로 창출되고 있는 농업의 새로운 변화와 흐름을 조망했다. 아울러 창업의 관점에서 농식품 산업의 창업 매력도와 새로운 기회를 분석하고, 시장의 가능성을 포착한 세계적인 빅테크 기업과 투자기관들이 어떻게 반응하는지를 살폈다. 이는 곧 투자 동향과 기업가치 평가 등 수치적인 지표로도 향후 유망한 창업의 기술과 기회를 살필 수 있다는 말이기도 하다.

그렇다면 조금 더 구체적으로, 농식품 부문에서 초기 창업자들이 참여 가능한 미래 유망한 창업 테마에는 어떤 것들이 있을까? 글로벌 투자기관, 컨설팅 기관들이 공통적으로 거론하는 유망 창업 분야는 주로 정밀농업, 농업로봇, 인도어팜, 대체육, 디지털유통, 종자산업, 메디푸드, 치유농업, 인공수분 등이 있다. 이번 장에서는 예비 창업자나 스타트업이 농식품 부문에서 창업의 기회를 발굴하여 분석하고 창업 실행을 안내하는 차원에서, 스타트업도 충분히 접근해볼 만하고 수익 창출을 통해 지속 가능한 경영을 도모할 수 있는 창업 테마들의 개념과 기술, 동향을 비롯해 해당 분야에서 이미 활동 중인 국내외 스타트업을 간략히 소개하기로 한다.

정밀농업

대다수에게 조금 더 익숙한 이름으로 스마트팜 산업이라 부르기도 한다. IoT, 센서, 드론 등으로 탐지한 정보를 기반으로 농업과 관련된 모든 정보를 분석하고 종합적으로 의사결정을 지원하는 기술을 연구한다. 분야의 특성상 다양한 기술기반 창업기회가 많다.

농업로봇

수확, 방제를 비롯한 모든 농작업의 자동화 및 무인화를 목표로 한다. 작업 방식의 제약이 없는 만큼 상상력에 따라 다양한 형태의 제품개발이 가능하다.

인도어팜

기후변화에 대응하고 생산효율을 극대화하는 인도어팜, 실내농업은 다양한 기술의 접목이 가능한 분야이다. 또한, 운영 시스템, 조명, 플랜트 등 기반 기술은 물론 생산 및 유통 측면에서도 사업성이 클 것으로 판단된다.

대체육

시장의 절대 규모가 크고 시장의 성장성이 높아 대형 식품기업뿐 아니라 관련 기술을 보유한 많은 스타트업이 시장에 참여하고 있다. 식물성, 동물성 고기뿐 아니라 생선, 계란, 우유 등의 다양한 대체식품이 개발되고 있고, 곤충 단백질을 이용한 사료산업 또한 주목받는 중이다.

6차 산업

소비력이 높은 베이비부머 세대와 청년들의 귀농귀촌이 증가하면서 농업은 그간의 공급 중심의 산업에서 소비, 판매 중심의 6차 산업으로 확장될 가능성이 크다. 또 소득수준이 향상되면서 물질적 풍요만큼 정신적 행복을 추구하는 의식변화에 따라 여유와 감성을 겸비한 다양한 체험, 휴양, 케어 비즈니스가 증가할 것으로 예상된다.

디지털 유통

유통 인프라에 다양한 디지털 기술이 접목됨에 따라 생산단계에

머무르던 디지털화가 생산, 수확, 유통, 소비에 이르는 농업 가치
사슬 전반에 스마트화가 추진됨으로써 시장 투명화와 유통 효율화
가 실현될 것이다.

기본적으로 창업의 목표는 세상의 난제를 해결하고 새로운 경제
적, 사회적 가치를 창출하는 것이다. 이러한 맥락에서 본다면 농식
품 부문의 미래 이슈와 트렌드를 사전에 분석하고 성공 가능성이
큰 유망 분야를 발굴하는 것은 바람직한 비즈니스 모델링의 첫걸
음이라고 할 수 있다.

그런 동시에 세계적인 기후변화와 폭발적인 인구증가로 식량부
족이 예견되는 상황에서 우리는 '어떻게 첨단기술을 접목해 환경
을 보호하면서 건강한 먹거리를 지속가능하게 충분히 효율적으로
생산해서 공급할 것이냐'의 관점에서 창업 분야를 찾아볼 필요도
있다.

현실적으로 사업성의 측면에서 충분한 수익이 창출되어 지속가
능한 경영을 할 수 있을지도 살펴야 한다. 이러한 차원에서 국내외
를 막론하고 투자기관들이 유망투자 분야로 지목한 분야나 이미
투자가 많이 이루어지고 있는 섹터라면 유망한 창업 테마라고 할
수 있다.

정밀농업

근대 이후에는 종자 개량, 화학비료와 농약의 발명 등으로 획기적으로 농업생산성을 올릴 수 있었다. 1950년 이후 2000년까지 세계의 곡물생산량은 인구증가율보다 높았는데, 이러한 성과는 화학비료, 농약, 용수 등 농기자재의 대량 투입 등의 성과였다. 그러나 이러한 대량생산 방식은 동시에 토양과 수질 그리고 대기를 오염시키는 등 다양한 문제를 야기했고, 따라서 생산성 증대의 한계에 다다랐다. 이제는 농업의 다양한 부작용을 최소화하면서 생산성 증대와 지속가능성을 함께 고려해야 한다.

최근 들어 연구 수준에 머물러 있던 정밀농업Precision Agriculture 기술들이 비약적인 발전을 거듭하면서, 환경문제는 물론 지속가능성을 갖춘 대체기술들이 크게 주목받고 있다. 이러한 기술 발전으로 환경문제를 해결할 수 있는 실마리들이 등장하면서 타 산업에 종사하던 기술 기업과 혁신 스타트업이 농업에 관심을 쏟는 추세이다. 이에 따라 투자와 인수합병도 활발히 이루어지고 있다.

정밀농업이란 용수, 비료, 농약 등을 필요한 때(적기)에 필요한 곳(적소)에 필요한 양(적량)만큼만 사용하는, 기술적이며 과학적인 첨단 영농방법을 뜻한다. 이는 동일한 경작지 내에서도 위치에 따라 토질, 영양분, 수분, 물 빠짐 등이 다르다는 전제에서 출발한다. 농경지 및 농작물의 상태, 환경, 조건 등을 모니터링하고 분석해 최소, 최적의 자원을 투입해 환경오염을 줄이고 생산량을 증대시킬 수 있다. 센서, IoT 등을 이용한 데이터 수집, AI 등을 이용한 고급 데이터 분석, 자율주행 농기계와 드론, 기상정보와 항공 영상 정보 분석기술 등이 활용된다.

정밀농업은 전체 경작지에 균일한 양의 자원과 농약, 비료 등 농자재를 골고루 투입하는 기존 관행 농업의 낭비와 비효율을 개선하고자 고안된 농법으로, 자원 절감, 노동력 절감, 환경 보전 등 다양한 효과를 기대할 수 있어서 지속가능한 미래농업의 핵심 화두로 떠오르고 있다. 이처럼 정밀농업이 가진 경쟁 우위 요소들이 한둘이 아니다 보니, 타 산업 분야에서 디지털 전환의 효용과 가치를 경험한 많은 기술기반 스타트업들이 정밀농업의 가치를 재확인하며 농업 분야의 디지털 전환에 뛰어들고 있는 것이다.

정밀농업은 관찰(조사), 처방(분석), 농작업, 결과 분석의 단계를 거치며 진행된다. 이를 위해 1단계에서 각종 센서와 드론 등의 카메라를 통해 수집된 농경시, 농작물, 농기계에 대한 관찰 데이터를 수집하고, 2단계에서는 빅데이터 분석과 AI 활용으로 적절한 처방을 내린다. 이 처방 결과는 3단계의 자율주행, 방제 파종 등의 변량 제어가 가능한 각종 첨단 농기계의 기초 입력조건으로 활용되고 그 작업 결과는 4단계 결과 분석에 사용된다.

글로벌 농화학 기업과 빅테크 기업 동향

다우-듀폰, 바이엘-몬산토, 켐차이나-신젠타, 바스프BASF를 일컫는 소위 '빅4'를 포함해, 전통적인 글로벌 농화학 기업들은 기존의 작물보호제, 종자 중심의 사업구조를 탈피하여 정밀농업, 디지털 파밍 등 새로운 사업영역으로 진출하고 있다. 디지털 파밍의 핵심 요소와 자원은 빅데이터다. 빅데이터는 작물별 기상 조건, 토양 정보, GIS/GPS 데이터, 파종에서 수확에 이르는 농작업 기록, 수확량, 농약 및 비료의 양 등을 포함한다. 이렇게 수집된 방대한 빅데이터는 데이터 간의 상호연관성 분석을 통해 수많은 의사결정이 수반되는 작물 재배 과정에 적절한 답을 제시한다.

농산업에서 데이터의 중요성을 인지한 글로벌 농화학 기업들은 데이터 주권 확보에 집중하고 있다. 이들은 데이터 농업 분야의 선점을 위해 농업 솔루션 기술을 보유하고 있는 많은 스타트업을 인수하며 디지털 파밍 선도기업이 되기 위한 전략사업을 강화하고 있다. 대표적인 정밀농업 기업인 몬산토는 프리시전 플랜팅, 클라이미트 코퍼레이션, 640랩 등 다양한 기술기반 스타트업을 인수했고, 60여 년간 축적한 미국 농지 데이터를 활용해 클라우드 농업 솔루션인 필드스크립트와 클라이미트 필드뷰 서비스를 출시했다. 이 서비스는 기존의 종자 기술에 ICT를 접목하여 경작지별 최적 품종과 파종량을 제안하고, 토양 정보, 병충해 이력, 강수량 등의 데이터를 분석하여 최적화된 경작을 지원한다. 최근에는 연간 기상정보와 작황 등을 기초로 한 AI 분석 자료를 기반으로 예상 수확량과 매출까지 예측한다.

세계 1위 농기계 제조기업 존디어도 ICT를 접목한 다양한 농기계 개발에 집중하며 존디어 농업 플랫폼 구축을 추진하고 있다. 이를 위해 AI 스타트업인 블루리버 테크놀로지와 GPS 기술 스타트업인 나브콤 등 여러 기업을 인수, 합병하여 혁신기술의 외부 수혈을 적극적으로 추진하고 있다. 또 농기계를 제조하는 데 그치지 않고 데이터를 기반으로 한 정밀농업을 지향하며 농경지 및 농기계를 포함한 농업 전반에 걸친 데이터를 수집, 관리하는 중이다. 이를 위해 GPS 및 다양한 센서를 활용하여 농경지별 토양 정보 등 각종 데이터를 수집하고 필지별 필요 비료량, 파종 시기 등 농업에 필요한 정보들을 분석 및 제공하고 있다.

　구글과 모기업 알파벳 역시 정밀농업 주도권을 차지하려는 강한 의지를 보이고 있다. 구글벤처스와 알파벳 산하의 비밀 연구 조직 구글 엑스를 앞세워 정밀농업 분야에 10년 동안 꾸준한 투자를 이어오고 있다. 몬산토에 인수된 클라이미트 코퍼레이션, 파머스 비즈니스 네트워크, 수확로봇 스타트업 어번던트 로보틱스, 데이터 기반 관개 업체 크롭 엑스 등의 혁신기업에 전략적 투자를 진행했으며, 각종 정밀농업 기술들의 5~10년 내 상용화를 목표로 글로벌 정밀농업 스타트업 생태계를 만들고 있다.

　마이크로소프트 역시 농업 데이터, 정밀농업 생태계를 적극적으로 조성하고 있는데, 몇 년 전 출시한 클라우드 애저를 활용한 팜비트 솔루션을 통해 정밀농업 확대에 힘쓰고 있다. 팜비트는 '지구를 위한 AIAI for the Earth' 프로젝트의 일환으로 블록체인, IoT, 빅데이터 등의 기술이 결합된 정밀농업 솔루션이며, 이를 통해 다양한 인프라를 구축해가고 있다.

　앞서 열거한 기업들 외에도 중국의 알리바바그룹, 일본의 소프트뱅크와 미국의 맵박스 같은 굴지의 데이터 기반 기업들 역시 정밀농업 시장에 본격적으로 뛰어들고 있으며, 이들이 수집하는 각 지역과 국가의 농업 데이터는 향후 식량 패권 다툼에서 가장 중요한 요소가 될 것으로 보인다. 종자 주도권과 마찬가지로 지도 데이터를 비롯한 농업 데이터 역시 미래 정밀농업의 밑거름이 될 것이기 때문이다.

정밀농업 스타트업 사례

CROPX

크롭엑스(이스라엘)는 농업용 IoT 센서와 AI를 활용하여 농업 생산성을 높이는 솔루션을 개발한다. 이 기술은 농작물의 생장 상태를 분석하고, 물과 비료의 효율적인 사용을 도우며, 농부가 직접 농경지를 관리할 수 있게 대시보드를 제공한다. 이 기술로 이전 대비 약 25%의 물을 절약할 수 있다. 크롭엑스의 센서는 일반적으로 5년 이상 사용할 수 있고 배터리를 교체하면 반영구적으로도 사용할 수 있다. 2021년 1월에 1억 달러의 투자 자금을 유치하는 데 성공했다.

DTN

DTN(미국)은 농작물 보호에 필요한 기술과 솔루션을 개발해 농업 생산성을 향상시켰다. 대표적인 제품 Z-Trap은 실시간으로 해충을 모니터하여 어떤 종류의 해충인지 식별하고 적절한 대처를 한다. 농업 의사결정 솔루션 ADSAgronomic Decision Solutions는 작물의 생육 조건과 토양 상태에 따른 적절한 작물 선택과 씨앗의 밀도 조절을 돕고, 식물 보호제나 비료를 사용하는 시기와 방법에 대해서도 알려준다.

부쉘팜(미국, 전 FARMLOGS)은 휴대폰 GPS로 트랙터 작업 중 농장의 위치별 토양 상태를 측정하여 앱에 자동으로 기록하고, 또 중앙컴퓨터에 전송한다. 또한, 새로 제공하는 서비스 농작물 헬스 모니터링Corp Health Imagery은 인공위성 촬영 이미지를 활용하여 농작물의 상태를 실시간으로 알려준다. 오늘날 미국 농부 3명 중 1명이 팜로그의 서비스를 사용하고 있다.

AQUASPY

아쿠아스파이(미국)는 작물의 수분과 영양 상태 등을 모니터링하는 IoT 센서 기술을 개발한다. 이 센서는 땅속까지 들어가 작물의 뿌리 깊이와 수분 상태를 측정할 수 있으며 각 작물에 적합한 영양과 수분 공급량 등을 조절하고 관리할 수 있도록 도와준다. 농사를 지을 때 물 사용량을 최대 50%까지 절감할 수 있도록 도와주는 기술을 제공한다.

Descartes Labs

데스카르테스 랩(미국)은 AI를 기반으로 지리 정보를 분석한다. 위성으로 데이터를 수집, 분석, 예측하여 다양한 산업에 가치 있는 정보를 제공한다. 작물 생산 예측, 물 관리, 자연재해 예측, 그리고 대기 조성 및 공기 질 모니터링 정보를 제공함으로써 농업의 효율성을 향상시킨다. 토양 수분, 영양분 함량, 기온, 강수량 등 작물 재배에 영향을 미치는 요인들을 분석하여 생산량을 예측하고, 농지에서 필요한 물의 양 또한 예측하여 농지를 효율적으로 관리하며 환경보호와 농업의 생산성을 향상했다.

SENCROP

센크롭(프랑스)은 농업 분야에서 IoT를 활용하여 다양한 기상 및 환경 정보를 수집하는 센서를 개발했다. AI 솔루션 밀리오는 센서에서 수집한 데이터를 분석해 작물의 건강 상태, 병해충 발생 여부, 수확량 등의 정보를 제공하여 농부들이 농경지에서 발생하는 문제를 빠르게 파악하고 대응할 수 있도록 돕는다. 실시간으로 기상정보, 토양 수분, 온도, 습도, 이산화탄소 농도의 변화를 파악할 수 있으며 농업 커뮤니티 플랫폼도 제공하여 농부들이 서로 정보도 공유할 수 있다.

Planet Labs

플래닛 랩(미국)은 NASA 출신 과학자 셋이 힘을 합쳐 창업했다. 초소형 위성을 매일 여러 대 발사하여 촬영한 이미지 데이터를 분석해 활용한다. 위성 이미지는 지구 환경 모니터링, 농업 생산성 예측, 도시계획, 자원탐사, 대기오염 모니터링 등에 사용된다. 또 위성 이미지를 분석해 농지에서의 물, 영양분, 태양광의 이용을 최적화하고, 농작물의 생장과 생산성을 통제할 수 있다. 이 위성 데이터를 통해 토양 조건을 평가하고 농지 개발 및 관리에도 활용한다.

SENTERA

센트라(미국)는 농부나 농업기업에 농업관련 전반적 의사결정 지원솔루션을 제공하는 스타트업이다. 이 회사의 올인원 플랫폼 필드 에이전트는 머신러닝, 모델링 및 데이터 도구를 이용하여 위성 이미지나 UAVUnmanned Aerial Vehicle 이미지 등을 수집하여 작물의 상태 진단과 처방 관련 의사결정 정보를 제공한다. 현재 미국 농부들의 약 80%가 현장의 데이터와 필드에이전트 플랫폼의 정보를 통합하여 활용하고 있다.

PRECISIONHAWK

프리시전호크(미국)는 아이스와인용 와이너리 포도밭의 새떼를 쫓아내기 위해 개발한 드론, 와인호크를 시작으로 지금은 농업뿐 아니라 다양한 산업에 쓰이는 드론 전문 스타트업이다. 이들이 개발한 랭커스터 드론은 열적외선, 다중 스펙트럼, 광선 레이더, 초분광 센서 등 다양한 센서로 수집한 이미지를 농부들에게 제공해 수분 부족이나 병충해 등 정확한 진단 정보를 바탕으로 과학적으로 처방할 수 있도록 지원한다. 최근에는 농업뿐만 아니라 에너지 생산, 건축, 보험, 교통 분야로 영역을 확장하고 있다.

세츄라스(이스라엘)는 센서기반 정밀 관개 시스템을 개발한 애그테크 회사이다. 이 스타트업은 식물의 줄기수분포텐셜SWP, Stem Water Potential를 측정할 수 있는 나무줄기 내장형 센서를 개발했다. 넓은 농장에 일정 거리로 설치된 센서를 통해 과일나무 등 식물들의 SWP를 측정하여 최적의 관개량을 공급하도록 함으로써 물을 절약하고 생산량을 대폭 개선했다. 또 필요에 따라 관개량의 조절을 통해 과일의 수확량, 크기, 당도 등을 조절할 수도 있다.

센소테라(네덜란드)는 무선 수분 센서 제조 스타트업이다. 저전력 광역 네트워크 프로토콜인 로라완LoRaWAN 기술을 활용하는 이 무선 토양 수분 센서는 물 낭비를 줄이고 토지 품질을 개선하며 작물 수확량을 늘리는 데 도움을 준다. 이 스마트 센서는 매시간 수분 측정치를 전송하여 실행 가능한 데이터를 제공하고 있다. 싱글, 멀티 센서 두 가지를 사용자가 토지에 설치하고 어플리케이션과 연동하면 센서로 측정된 작물의 수분 및 토양 데이터를 실시간으로 모니터링 할 수 있다. 원예업, 조경업에도 폭넓게 활용되고 있다.

가마야(스위스)는 하이퍼 스펙트럼 이미징(초분광 이미징) 기술로 작물의 작황이나 병충해 등의 상태를 조기 진단함으로써 물, 비료, 농약 등 농자재의 사용량을 최적화하도록 데이터를 제공한다. 독자적으로 개발한 초분광 카메라를 드론, 항공기 및 기타 원격 감지 장치에 간단하게 부착하여 전자기 스펙트럼의 가시광선, 근적외선 및 적외선 부분을 측정을 통해 작물의 상태 파악이 가능하다.

HUMMINGBIRD

허밍버드(영국)는 영국 임페리얼 칼리지 인큐베이터 및 기업가 센터에서 창업한 AI 전문 스타트업이다. 이 회사는 위성, 드론, 항공기의 이미지 및 데이터 분석과 독자적 알고리즘을 사용하여 작물의 고해상도 지도를 농부들에게 제공한다. 허밍버드 서비스는 딥러닝, 컴퓨터비전 및 자체 알고리즘을 사용하는 AI SaaS 플랫폼으로, 원격 감지 데이터(위성사진, UAV)를 통해 작물 건강, 질병 위험 탐지, 잡초 매핑 및 수확량 예측과 같은 작물 초기 문제에 대응할 수 있다. 또한 농약, 비료 등의 투입량을 최적화하고 생산량을 극대화하기 위한 다양한 데이터들을 가공 후 시각화하여 사용자들이 손쉽게 활용할 수 있도록 제공한다.

농업로봇

인류의 역사에서 농업은 세 번의 큰 변화를 겪었고, 이제 네 번째 변화를 마주하고 있다. 농업의 역사를 세대로 구분하면 1세대는 인력과 축력(가축의 힘)에 의존했고, 2세대 농업은 화학비료와 농약의 개발로 농업생산성을 극대화했으며, 3세대는 ICT 기술을 접목해 자동 탐지와 통제 운용을 자동화한 단계로써 정밀농업, 스마트팜과 같은 형태를 띠었다. 이제 농업은 4세대로의 진입을 시작하고 있다. 탐지, 진단, 처방은 물론 모든 농작업을 지능화 그리고 무인 자동화하는 것이다. 그동안 노동집약적 산업이었던 농업이 3세대를 거치면서 기술집약적 산업으로 변모하고 있다.

우리나라뿐 아니라 전 세계적으로 농업인구의 감소와 고령화로 인한 노동력 부족은 큰 이슈이다. 아직도 많은 농작업은 수작업으로 이뤄지기 때문이다. 그 결과 휴경지의 증가와 농지 황폐화가 초래됐고, 이는 결국 식량문제가 가속화되는 요인의 하나가 되었다. 또 농업은 산업 특성상 노동력 투입이 특정 시기에 집중되는 경향이 있어 자원 투입효율이 떨어지는데, 이러한 농산업의 육체적, 정신적 노동을 로봇으로 대체할 수 있다면 크게 도움될 것이다. 노동생산성의 제고는 물론, 쾌적한 농작업 환경 구현으로 경작 동기가 늘어나 농업의 절대 생산량을 늘림으로써 인류가 직면한 식량문제도 해소할 수 있을 것이다.

농업로봇은 그 이름에서부터 알 수 있듯, 농업생산과 재배, 유통의 전 과정에서 스스로 작업 환경을 인식하고 상황을 판단해 자율적인 작업을 하는 기계를 뜻한다. 로봇 기술은 농업에서 매우 폭넓게 쓰일 수 있다. 작물의 생육 상태 모니터링 같은 단순 측정에서부터 형태, 색상, 크기 등 작물의 상태를 판단하는 일까지 다양한 농작업을 스스로 인식, 결정하여 수행한다. 이로써 열악한 환경에서의 반복적이고 고된 노동을 대체할 수 있다. 이러한 이유로 전통적인 농축산 기업뿐 아니라 세계의 많은 스타트업이 혁신의 대열에 동참하고 있으며 다양한 아이디어를 바탕으로 많은 성과를 내고 있다.

농업로봇의 활용 분야는 다양하다. 농업로봇 중 하나인 수확로봇은 시기가 정해진 수확 기간에 집중된 노동수요를 대신함으로써 인력 부족에 따른 농작물 폐기 등 다양한 문제를 방지할 뿐 아니라 적기 수확을 통한 품질 향상, 수확이 힘들어 포기했던 경작수요를 자극해 생산량 증대 효과도 낼 것으로 기대된다.

1년 365일 수확하는 인도어팜이 보편화되며 주야 반복적 작업이 가능한 로봇의 효용성은 더욱 높아질 것으로 예상된다. 농업로봇의 효용은 여기에서 그치지 않는다. 정밀 제초를 위한 로봇이 개발되어 농약의 과용을 방지하고 토양오염을 줄일 수 있게 되었고, 자율주행 기술이 정밀해지며 시공간의 제약 없이 다양한 농작업을 로봇이 대신할 수 있게 되었다.

농업로봇은 앞으로 기후 및 환경적 제약을 극복하고 생산성을 향상시킬 수 있는 미래농업의 새로운 패러다임으로 자리 잡을 것으로 예상된다. 현재 세계 농업로봇은 농업 선진국의 전통 농업기업 존디어나 AGCO 코퍼레이션, 일본의 구보타 등과 미국, 이스라엘 등 기술기반 스타트업들이 주도하고 있다. 우리나라는 대동, TYM, LS엠트론 등 일부 농기계 제조업체가 참여하고 있으나 국내 시장규모가 아직 작고 스타트업들의 참여는 미미한 상황이다.

현황은 이렇지만 많은 예측자료에 따르면 미래 농기계 시장은 아시아태평양 국가들이 주도할 것으로 전망된다. 전문가들은 중국을 비롯한 아시아태평양 국가들이 세계 농기계 시장의 70%를 점유할 것으로 예견한다. 우리나라는 무인화, 자동화 기술 수준이 높고 제조 강국이다. ICT 부문의 높은 기술 역량과 로봇 관련 기술이 융합된다면, 그리고 다양한 산업에서 성공 창업 경험이 있는 젊고 진취적인 스타트업들이 진입한다면 큰 성과를 낼 수 있을 것으로 기대된다.

농업로봇 스타트업 사례

AGROBOT

애그로봇(스페인)은 안달루시아 지방에 기반을 둔 혁신적인 스타트업으로, 딸기를 수확하는 로봇을 개발했다. 애그로봇의 주력 제품인 딸기 수확로봇은 최대 24개의 로봇 팔이 센서와 함께 장착되어 수확 가능한 상태의 딸기만을 감별하여 조심스럽게 수확한다. 딸기의 숙성도 탐지하는 센서와 섬세하면서 자유로운 움직임이 가능한 로봇 팔이 애그로봇의 특징이다.

ABUNDANT ROBOTICS

어번던트 로보틱스(미국)는 노동력이 많이 투입되는 사과 수확을 혁신적인 로봇 기술로 해결했다. 스탠퍼드대학교가 설립한 비영리 과학연구소 SRI 인터내셔널의 세 과학자가 자율주행 기술을 활용한 사과수확로봇을 개발했는데, 이 로봇은 자율주행 자동차에 활용되는 기술을 이용해 사과나무 사이의 길을 찾아내고, 컴퓨터비전 시스템을 활용하여 익은 사과를 판단한다. 또 사과 수확 시 생기는 손상을 최소화하기 위해 흡착식 수확법을 개발했다. 흡착식 수확법은 청소기와 같은 원리로 튜브통으로 사과를 빨아들여 사람의 손을 거치지 않고 안전하게 배치하는 방법이다.

TEVEL

테벨(이스라엘)은 AI 알고리즘 기술이 내장된 과일 수확용 드론을 세계 최초로 개발했다. 수확 드론 FAR_{Flying Autonomous Robot}은 다양한 AI 알고리즘에 의해 자율주행방식으로 작동한다. 드론의 장점을 최대로 활용하여 수확 가동범위가 넓어 높은 곳의 과일 수확도 용이하며, 수확 작업이 진행되는 동안 과수원에 가지 않고서도 수확량, 작업 진도, 예상 소요시간 등을 실시간 분석하고, 무엇보다 밤낮을 가리지 않고 날씨 등의 환경에 무관하게 작업이 가능하다. 특히, 전원을 유선으로 공급받기 때문에 배터리 충전 등으로 인한 운행시간의 제약이 없어 작업 효율이 매우 높다.

베어플래그 로보틱스(미국)는 자율주행 트랙터를 개발했다. 사물의 인지와 거리를 측정하는 라이다LiDAR 기술과 클라우드 기반의 컨트롤타워로 언제 어디서든 조작이 가능하고 여러 대의 트랙터를 동시에 가동할 수도 있다. 베어플래그는 경작지 데이터와 기상 데이터를 판단하여 최적의 시기에 밭 갈기, 제초, 농약 살포 등을 자율적으로 수행하는 솔루션도 개발했다. 2021년 9월 존디어에 약 3,000억 원에 인수합병되었다.

ROWBOT SYSTEM

로우봇 시스템(미국)이 개발한 로봇 로우봇Rowbot은 옥수수와 같이 키 큰 작물의 줄Row 사이를 자율주행으로 이동하는 소형 로봇으로, 비료 등 다양한 농자재를 운반하며 작물의 뿌리 근처에 뿌리거나 다양한 생육 데이터를 수집한다.

FARMWISE LABS

팜와이즈랩(미국)은 머신러닝과 컴퓨터비전 기술을 활용해 제초 작업을 수행하는 자율주행 제초로봇을 개발했다. 로봇 하부에 설치된 10대의 소형 카메라와 센서가 농작물의 상태를 감지하고 작물과 잡초를 분류한다. 분류된 잡초는 로봇에 달린 괭이로 자동 제거된다. 작업 과정에서 수집된 이미지 데이터는 AI 강화 학습으로

로봇 작업의 정확도를 더욱 높인다.

XAG ⚬--⚬

XAG(중국)는 중국에서 드론 기업으로의 성장 가능성을 인정받으면서 시장에 출사표를 내밀었다. XAG는 농업기술 기업으로 농업용 드론, 농업용 무인차, 농기계 보조 자율주행 설비, 농업 IoT와 스마트 농장 관리 등 다양한 농업 특화 상품 라인을 보유하고 있다. XAG는 막대한 자원과 점유율을 앞세워 가격 대비 좋은 성능의 드론 라인을 제공하며 상용화에 힘쓰고 있다. 특히 농축산업용 드론에 집중적으로 기술투자 하고 있다. 기술도입이 저조한 농업시장에 누구보다 빠르게 기술을 상용화시키는 중이다.

NILEWORKS ⚬--⚬

나일웍스(일본)는 농업용 드론 스타트업이다. '공중의 정밀농업'이라는 비전 아래 완전 자동화된 비행이 가능한 농업용 드론을 개발하고 농산물 성장을 실시간으로 진단하는 성장진단 서비스를 개발했다. 높은 수준의 정밀도로 자율주행 비행을 가능케 하는 세계 최초의 기술을 성공적으로 개발했으며, 이 기술이 적용된 드론은 방제작업 시 작물 위 30~50cm의 매우 가까운 거리에서 농약을 살포해 농약의 공중 분산을 크게 감소시키면서도 필요한 만큼의 농약만을 소모한다.

파츠(네덜란드)는 소형 드론을 사용하여 병충을 제거하는 기술을 개발했다. 드론은 날벌레들, 특히 나방의 천적인 박쥐에서 영감을 받아 발명되었다. 박쥐는 초음파를 발사하고, 지형물이나 벌레에 반사되어 돌아오는 초음파를 분석해 먹잇감을 찾아내는데, 파츠는 이에 착안하여 유리온실 내 나방을 포착하는 기술을 개발했다. 이 방제 솔루션은 드론의 배터리를 충전할 수 있는 랜딩 패드와 초소형 카메라와 통신 모듈이 탑재된 드론, 그리고 시스템의 중추인 베이스 스테이션으로 구성된다. 온실 곳곳에 설치된 적외선카메라가 초음파로 나방의 현재 위치와 비행경로를 파악한 뒤, 이를 베이스 스테이션의 컴퓨터로 전송한다. 계산된 비행 데이터가 드론에게 전송되면, 4개의 프로펠러를 갖춘 초소형 드론은 해당경로로 날아가 충돌하면서 나방을 직접 분쇄한다.

인도어팜

인류가 직면한 인구증가와 식량문제, 기후변화, 농약, 비료 등 농자재 남용으로 인한 환경파괴 문제를 해결할 대안으로 인도어팜이 떠오르고 있다. 특히 경작면적이 좁고 정보기술, 제조 기술이 좋은 우리나라의 경우 상대적으로 기회가 많을 것으로 보이고, 도시와 농촌의 지역적 범위를 벗어나 여타 제조업과 동등한 산업적 개념으로 확대할 수 있다.

인도어팜은 밀폐된 공간에서 빛, 온도, 습도, 이산화탄소 농도, 양분 등 식물재배의 환경요인을 인공적으로 제어하여 햇빛, 토양 등 외부환경의 영향을 받지 않고 식물을 생산하는 시스템이다. 즉, 실내indoor 재배는 노지outdoor 재배와 반대되는 개념으로, 식물공장plant factory, 수직농장vertical farm을 포함한다. 기존의 온실, 비닐하우스 등의 단순한 자동제어와는 궤를 달리한다. 즉, IoT, 빅데이터, 클라우드, 센싱, AI, 로봇 등 최근 21세기 들어 상용화되고 있는 4차 산업혁명 기술을 융합적으로 활용하는 것에 초점을 두고 있다. 이를 통해 농업 전반의 디지털화, 자동화, 무인화 실현이 가능하며, 시공간을 초월하여 지속생산이 가능한 생산 방식이다.

실내농업의 구분과 기술 카테고리

인도어팜은 외부환경과 격리된 실내에서 식물을 재배하기 때문에 노지의 환경을 실내에 구현해야 한다. 따라서 최적의 환경 구축은 물론, 높은 생산성을 위해 다양한 기술과 모듈이 필요한 만큼, 많은 연구가 진행되고 있다. 예컨대 플랜트 구축, 조명 기술, 다양한 센싱과 통제 시스템, 자동화 재배 기술 등이다.

모두 소개할 수는 없지만 중요한 내용 몇 가지만 추려 소개해본다. 식물재배에 있어 조명 기술은 매우 중요하다. 인공 조명을 이용하기 때문에 얼마나 적은 에너지로 태양광과 유사한 효율을 낼수 있는지가 관건이다. 식물 생장의 원천은 광합성작용을 통한 탄수화물의 생산이기 때문에 빛이 매우 중요하며, 식물마다 요구하는 빛의 세기에 적합한 조명을 제공할수록 광합성량은 증가한다.

빛의 세기뿐 아니라 식물마다 적합한 파장대의 빛을 제공해야 광합성과 생육이 촉진된다. 따라서 조명 기술은 빛의 강도와 광질, 즉 빛의 색과 파장을 재배하는 작물에 적합하게 제공하는 기술이라 할 수 있다.

한편, 인도어팜은 대부분 수경재배 방식으로 이뤄진다. 수경재배는 다양한 오염을 막을 수 있고, 생육이 빠르고 품질이 균질하며, 물이나 양분을 꼭 필요한 양만큼만 사용하기 때문에 자원도 대폭 절감되기 때문이다. 이는 노지재배와 비교해 약 90% 절감한 수치이다. 수경재배 방식은 재배하는 작물에 따라 다른 만큼, 혁신적인 방식들이 계속 새롭게 개발되고 있다. 국내에서 쓰이는 보편적인 방식은 상추나 바질 같은 엽채류에 적합한 박막식 수경재배 방식nutrient film technique system, 양액이 관을 통해 흐르며 식물의 뿌리를 적시도록 하는 방식과 인삼 등 뿌리작물 재배에 적합한 분무형 수경재배 방식aeroponic system, 즉 식물의 뿌리가 허공에 뜬 채로 아래에서 분무 노즐로 식물의 뿌리에 양액을 분사하는 방식 등이다. 최근 인도어팜이 대형화되면서 IoT, 센서를 활용한 각종 제어와 드론을 이용한 모니터링과 인공수분artificial pollination 기술이 개발되고 있으며, 양액의 제조 및 배합, 순환, 살균, 산도 관리 등의 기술 또한 중요한 주제로 떠오르고 있다.

인공수분이란 과수나 원예식물이 열매를 잘 맺도록 인공적으로 수분시키는 기술이다. 인공수분은 분사식, 진동식, 접촉식으로 구분되는데, 벌과 같은 꽃가루 매개자가 접근하기 어려운 온실인 인도어팜에서는 필수적이고, 실외의 농장에서도 수확량을 늘리고자 시행하기도 한다.

최근 인공수분의 중요성이 특별히 부각되는 이유는 드론 등 기술 발전으로 과수나무의 수분율을 높임으로써 생산성을 획기적으로 높일 수 있다는 점과, 온실, 수직농장, 컨테이너팜 등 인공수분이 필수적인 인도어팜이 확산되고 있기 때문이다. 세계 인구의 90%는 꿀벌이 수분하는 70종의 작물들로부터 영양을 공급받는다. 그러나 꿀벌의 개체 수가 기생충 진드기, 살충제, 기후변화 등으로 매년 줄어들고 있어 수분 문제를 해결하는 인공수분의 중요성은 더욱 커지고 있다. 우리나라뿐 아니라 미국에서도 최근 10년 동안 꿀벌의 개체 수가 40% 감소했다는 통계가 있다. 이러한 꿀벌의 개체 수 감소와 더불어 기후변화로 인한 과수 개화기 저온 피해 증가에 따라 인공수분으로 과수의 수정률을 높이고자 하는 노력은 계속될 전망이다.

인도어팜은 미래 농업의 중요한 테마이지만, 투자비와 에너지 비용 등 아직 경제성 측면에서 풀어야 할 과제가 남아 있다. 이런 동시에 최근 들어 인도어팜에서 생산되는 무공해 농산물에 대한 인식개선으로 상대적으로 비싼 가격에도 수요가 증가하고 있다. 또한 AI를 도입하여 최적화된 재배 레시피에 따라 365일 날씨에 구애받지 않고 생산할 수 있고, LED 광원의 파장 패턴을 조절해 맛, 질감, 당도 등을 입맛대로 맞출 수 있어 고객별 맞춤형, 즉 온디맨드 재배가 가능하다. 이에 따라 다양한 부가가치를 창출할 수 있을 것으로 기대된다. 또한 특정 영양소의 함량을 조절한 기능성 채소, 예를 들어 신장병 환자를 위한 저 칼륨 양상추를 비롯한 치료용 식품, 나아가 바이오 소재 생산도 가능한 무궁무진한 영역으로 확대될 것이다.

인도어팜 스타트업 사례

TELOFARM

텔로팜(한국)은 세계 최초로 MEMS(Micro-Electro Mechanical Systems) 기술을 스마트팜에 적용시킨 농업 IoT 센서 개발 회사다. MEMS란 나노기술을 이용해 제작되는 매우 작은 기계를 의미한다. 작은 센서가 식물 줄기에 바늘과 함께 꽂혀 있는데, 사람의 맥박과 혈압을 재듯이 식물 줄기 내부의 수분과 광합성 정도, 병해충 감염 상태 등을 진단한다. 온도, 습도와 같은 외부 조건을 읽는 기존 스마트팜에 반해 텔로팜의 센서는 식물 내부의 생육 상태를 측정하는 것이 특징이다. 센서를 통해 얻은 데이터는 적정량의 수분과 영양분을 식물에 투입하게 해 최적의 생육 상태를 유지하도록 돕는다.

프레잇 팜스(미국)는 작물 재배에 필요한 조명과 온도를 컨테이너 안에서 최적으로 조절하는 컨테이너형 인도어팜 개발 회사다. 작물 재배에 가장 중요한 요소인 빛을 LED로, 흙과 수분은 배양액으로 대체하고 외부와 철저히 독립된 재배 환경을 조성한다. 컨테이너 상단에 태양광 전지를 달아 자체적인 내부 에너지로 구동할 수 있어 자동으로 재배되는 시스템을 실현했다. 또한 '레시피'라는 차별화된 기능을 개발해 농부가 재배 중인 작물 유형을 입력하면 맛과 색상, 영양소 등을 직접 설정할 수 있게끔 했다. 따라서 소비자의 취향까지 고려한 작물 재배가 가능하다.

큐빅팜(캐나다)은 컨테이너에서 재배 환경을 완벽하게 제어해 인간의 개입을 최소화하며 신선한 농산물과 영양가 높은 사료를 재배한다. 특이하게도 수직으로 설치된 레일을 따라 작물들이 이동하면서 LED 광합성을 하고, 양액이나 수분은 주기적으로 통을 지나가면서 뿌리를 적시는 방식을 채택, 흡사 통닭이 회전하면서 구워지는 모습 같다.

엔씽(한국)은 국내 컨테이너팜 선두주자 중 하나다. 초창기에

IoT센서와 솔루션을 주력으로 여러 번의 연구 개발 끝에 컨테이너형 스마트팜인 플랜티 큐브를 2017년 성공적으로 출시했고, 이후 농업 플랫폼 자체를 판매하는 FaaSFarm as a Service 모델을 주축으로 사업을 성공적으로 확장하고 있다. CES 혁신상을 2년 연속 수상했고 아랍에미리트 등 기후조건이 까다로운 해외에도 성공적으로 수출 중이다. 작은 IoT 화분에서 시작해서 스마트 기술기반인 모듈형 농업 컨테이너 회사로 성장한 엔씽은 세계로 무대를 확장 중이다. 최근 260억 원 규모의 시리즈 B 투자를 받은 바 있다.

HELIOSPECTRA

헬리오스펙트라(스웨덴)는 작물 생산을 보다 지능적이고 효율적으로 만든다는 비전으로, 식물 과학자와 생물학자들이 스웨덴에서 설립한 기업이다. 온실을 비롯한 통제된 식물 성장 환경을 위한 혁신적인 조명 기술을 개발하여 각 식물이 잘 자랄 수 있는 빛의 파장에 맞춰서 LED 조명을 작동시킨다. 식물생리학과 광합성에 대한 깊은 지식과 현대 LED 기술을 활용하는 독특한 방법을 기반으로 하고 있다.

SHERPA SPACE

쉘파 스페이스(한국)는 다양한 파장의 빛이 일정하게 비춰주는 태양광과 달리 작물별, 생육 단계별로 최적 성장을 위한 맞춤형 광원 장치로 작물의 품질과 생산성을 높인다. 최근 인도어팜이 확대되면서 식물의 광합성 최적화를 위한 연구 수요가 증가하고 있어 라이트닝 분야 혁신기업으로의 성장이 기대된다.

ARTECHNO GROWSYSTEMS

아테크노 그로우시스템(네덜란드)은 수경재배 시스템을 개발 및 구축하는 식물공장 회사다. 관개, 파종, 수확 라인까지 모두 갖춘 식물공장 안에서 파종부터 수확까지 일괄적으로 하는 턴키방식으로 운영된다. 또한 인력 없이 모든 것이 자동으로 통제된다. 따라서 공장 시스템과 비슷하게 한번 구축하면 적은 노동력으로 최대의 생산성을 낸다는 장점이 있다.

ROTOGRO

로토그로(호주)는 원형 수직농업 기술을 통해 재배 솔루션을 개발하는 농업기술 회사다. 특허받은 독점 기술, 로테이셔널 가든 시스템이라는 회전식 재배 시스템을 개발했는데, 이 방식은 전통적인 수경재배 방식보다 적은 공간과 에너지를 사용하는 회전식 수경재배 시스템이다. 원형의 통 안에 식물 트레이를 적재하고 통돌이를 회전시켜 양액을 적시는 방식으로 양액의 관수 장치 시설비를 절감하고 공간을 효율화했다. 또한 통돌이의 중앙에 360도로 비추는 LED를 설치함으로써 에너지 소비도 줄였다.

팜에이트(한국)는 컨테이너 시스템과 실내 수경재배로 수확한 야채를 유통하는 농업벤처다. 평택, 이천, 화성에 생산 시설을 보유하고 있으며, 대규모 농장에서 생산하는 새싹과 채소류의 일일 생산량이 수 톤에 달한다. 이러한 규모는 사람 키보다 높은 7단 랙에서 식물을 재배하는, 수직형 스마트 수경재배 시스템의 공간 효율성을 극대화한다. 또한 농산물 전처리 공장, 콜드체인 시스템과 전국 물류배송체계를 완비하는 등 유통 시스템도 확립했다. 샐러드, 새싹채소, 어린잎 채소가 매일 끊이지 않고 생산되어 홈플러스, 쿠팡, 코스트코, SSG 등 많은 유통업체에 제공된다. 한국을 대표하는 인도어팜 기업이다.

인팜(독일)은 기술성과 사업성을 겸비한 수직농업 회사다. 빌딩처럼 작물을 층층이 재배하는 수직농업 방법을 사용하여 LED, 빛, 온도, 습도, 이산화탄소 농도 등 환경적 요소들을 완벽하게 제어한다. 이렇게 통제된 환경이기에 해충에 대한 걱정도 없고 화학비료를 사용하지 않아 친환경 작물 재배가 가능하다. 독일의 슈퍼마켓, 레스토랑, 카페에 놓인 오픈형 재배기에서 인팜의 신선한 작물들을 만날 수 있다. 얼핏 보면 냉장고 같지만 바질, 케일, 허브 등 다양한 채소가 친환경적으로 자라는 것을 볼 수 있다. 기존의 재배법에 비해 95% 적은 물, 75% 적은 비료로 재배가 가능하고 도시에서 생산하고 판매하기에 운송비용까지 절약할 수 있다. 이런 기술의 누적 투자금액은 약 7,250억 원에 달한다.

PLENTY ⚬---⚬

플랜티(미국)는 수직농업 스마트팜 기업이다. 선반을 층별로 쌓는 다른 식물공장과는 다르게 벽면에 파이프를 설치해 작물을 재배한다. 따라서 재배의 효율성뿐만 아니라 시각적으로도 좋은 반응을 이끌어내고 있다. IoT 기술과 양액의 재활용으로 동일면적에서 전통적인 농장에 비해 물은 1% 정도만 사용하고 생산량은 최대 350배까지 늘릴 수 있다고 한다. 소프트뱅크의 손정의 회장을 비롯하여 마이크로소프트의 빌 게이츠, 구글의 에릭 슈미트, 아마존의 제프 베조스 등이 투자한 스타트업이기도 하다.

POLYBEE ⚬---⚬

폴리비(싱가포르)는 실내에서 드론으로 인공수분을 하는 농업기술 회사다. 90% 이상의 성공률로 딸기, 토마토 등의 실내 작물에 수분하는 자율주행 드론을 개발했다. 호박벌이 매우 빠른 날갯짓으로 꽃가루를 떨어뜨리는 진동 수분 방식에서 착안한 기술 '버즈 폴리네이션'을 드론에 적용했다. 비접촉식 자율주행 수분으로 꽃가루가 따로 필요 없다.

아루가(이스라엘)는 실내 환경에서 인공수분을 하는 로봇 개발 회사다. 인공수분 로봇은 AI 기반 컴퓨터비전 기술로 수분 준비가 된 꽃을 상단에 탑재된 카메라로 인식한다. 꽃을 인식한 로봇은 바람 분사기를 사용하여 꽃에 진동을 줘 암술에 꽃가루를 떨어뜨린다. 정확히 수분할 꽃을 인식하는 비전 카메라 기술이 핵심이다.

드롭콥터(미국)는 드론을 사용해 인공수분을 자동화하는 농업기술 회사다. 아몬드, 사과, 체리, 배를 포함한 작물의 인공수분에 헥사콥터 드론을 성공적으로 사용하고 있다. 3년의 실험을 통해 드론 수분을 사용하면 수확량이 25%에서 50%까지 증가한다는 것을 증명하기도 했다. 꽃이 피기 전에 작물의 비행경로를 사전에 설정하고, 꽃이 피면 나무 위로 최대 3m까지 날며 기체 하부에 보관된 건조 꽃가루를 꽃에 정확히 살포한다.

farm
business

대체육

2020년 발표된 유엔식량농업기구의 보고서 〈OECD Agricultur-
al Outlook 2020 – 2029〉는 개발도상국들의 가파른 인구 증가와
소득 증대로 육류 소비량이 급격히 증가할 것으로 내다보고 있다.
개발도상국의 육류 소비량이 선진국의 약 5배에 달할 것으로 예측
하고, 이로 인해 현재 육류 공급량을 뛰어넘는 새로운 생산방식 혁
신 혹은 대체식품의 개발이 필요하다고 경고 중이다. 일부 학자들
은 세계 인구가 100억 명에 이르게 될 2050년 이후에는 필수 단백
질 결핍으로 인한 단백질 위기protein crisis가 올 수 있다고 경고한다.

육류 생산량을 늘리기란 생각보다 간단치 않다. 산림황폐화, 옥
수수 등 식량자원의 사료 전용, 축산 메탄가스 등 많은 문제점이

있기 때문이다. 그중에서도 가장 심각한 문제는 지구온난화의 원인으로 지목 받는 온실가스 문제이다. 축산업은 세계의 모든 교통수단이 배출하는 양보다 많은 온실가스를 내뿜어 환경 파괴의 주범으로 지목된다. 또한 지구온난화 대책의 일환으로 국제사회가 '2050 탄소중립' 선언을 함으로써 탄소제로 실현을 위한 흡수책이 만만치 않아 축산업은 더 이상의 확장이 현실적으로 쉽지 않은 부분이 있다.

이러한 문제를 해결하고 인류 먹거리의 안정성과 지속가능한 환경, 동물복지와 생명윤리에 대한 소비자들의 관심이 확대되면서 가축의 대량 도축을 통한 육류 공급을 대신할 대체육 또는 대체식품 수요가 증가 중이고 관련 기술개발 또한 활발하다. 대체육이란 단백질 등 전통적인 고기를 대체할 수 있는 성분을 가진 원료를 바탕으로 인공적으로 구현한 식품을 말하며, 식물성 고기, 배양육, 식용곤충 등이 있다.

세계적인 육류 부족의 대안이라는 측면 이외에도, 건강과 환경을 생각하는 소비문화의 측면에서도 각광 받고 있다. 첫째, 세계적으로 채식주의자가 증가하면서 대체육의 성장세도 빨라지고 있다. 2014년에는 세계 인구의 5% 정도가 채식주의자로 추정되었으나, 2018년에는 그 비율이 8~11%까지 늘어났다고 보고된다. 힌두교, 자이나교 등 다양한 종교가 발달한 인도는 전체 인구의 30% 이상이 채식주의자이며 세계 최대의 채식 시장이기도 하다. 둘째, 소비

세대의 교체이다. MZ 세대가 식품 시장의 소비 주체로 떠오르면서 대체육이 건강, 환경문제 개선, 동물복지 등을 고려한 '착한 먹거리'로 인식되고 있다. 기존의 식육 소비 방식에 대한 새로운 접근이 대체육 수요 증가로 이어지고 있으며, 실제로 2009년 이후 대체육 시장은 일반 육류 시장의 성장률을 뛰어넘었다.

글로벌 투자은행 UBS에 따르면 세계 대체육 시장은 연평균 34%씩 급성장할 것으로 전망되고, 글로벌 컨설팅 기업 AT커니는 현재 세계 대체육 시장 비중은 기존 육류 시장 대비 1, 2%에 불과하지만, 건강과 윤리적 소비를 중시하는 신소비 트랜드로 2030년에는 28%를 상회하고, 2040년에는 대체육이 전통 육류 비중을 넘어 60%를 차지할 것으로 예측했다.

대체육의 구분과 유형

대체육의 종류는 크게 식물성 대체육, 배양육, 곤충 단백질 대체식품으로 나뉘는데 이 중 대체육 시장에서 가장 큰 비중을 차지하는 것은 식물성 대체육이다.

식물성 대체육

식물성 대체육plant-based meat은 콩이나 밀, 버섯 등에서 추출한 단백질을 이용하여 고기, 계란 등 축산물과 비슷한 형태와 맛이 나도록 제조한 식품으로 식물성 고기, 식물성 계란, 식물성 유제품 및 음료 등이 있다. 식물성 대체육은 실제 고기와 같은 맛과 향을 느낄 수 없지만 비슷한 수준으로 대량생산이 가능하고 제조원가가 상대적으로 낮은 것이 최대 강점이다. 식물성 단백질을 추출해 섬유질, 효모 등을 혼합해서 제조하기 때문에 고기와 비슷한 맛과 식감의 구현이 가능하다.

미국 나스닥 상장 기업인 비욘드 미트와 임파서블 푸드, 인섹트, 저스트잇 등 수많은 유니콘이 참여하고 있고, 국내 스타트업 중에는 지구인컴퍼니, 알티스트, 위미트 등과 신세계푸드, CJ제일제당, 농심, 풀무원 등 전통적인 식품기업들도 뛰어들고 있다.

배양육

배양육cultured meat은 살아 있는 동물세포에서 얻은 줄기세포에 영양분을 공급해 실내에서 키워내는 식용육을 의미하며 세포 농업cellular agriculture으로 부르기도 한다. 소나 돼지, 닭 등 가축의 근육에서 줄기세포를 채취하여 각종 영양소가 담긴 배양액에 넣고 키우기 때문에 실제 고기와 맛의 차이가 없다. 또한 생산과정에서 배양 조건을 조절하여 원하는 맛과 육질 등을 수요에 맞게 주문형 생산도 가능하다. 하지만 배양시간이 오래 걸리고 비용이 많이 든다는 단점이 있다. 최근 양산과 생산효율을 높이기 위해 많은 기업이 연구에 집중하고 있어 경제적 양산이 실현된다면 가장 유력한 대체육이 될 것으로 보인다.

이스라엘의 퓨처미트와 알레프팜, 미국 업사이드푸드 등 다수의 혁신기업이 선도하고 있으며, 국내의 배양육 스타트업으로는 엑셀세라퓨틱스, 다나그린, 씨위드 등이 있다. 세포배양 해산물 생산기업으로는 미국의 블루날루와 싱가포르의 시옥미트가 대표적이다.

곤충 단백질

곤충 단백질은 단백질 함량이 높을 뿐만 아니라 필수 아미노산의 조성에도 우수하다. 지방도 불포화지방산 함량이 육류에 비해 상당히 높고, 칼슘이나 철과 같은 무기질과 비타민에 이르기까지 곤충의 영양적 가치는 매우 우수하다고 평가된다. 또 식용곤충은 환경의 지속가능성 측면에서 상당한 장점이 있다. 1kg의 단백질 생산에 필요한 물의 양은 소고기의 경우 1,500L인 반면, 귀뚜라미는 1L로 약 1/1,500 수준밖에 되지 않는다. 사료 역시 소고기는 20kg이 필요한데, 귀뚜라미는 1.7kg으로도 충분하다. 심지어 곤충은 음식물쓰레기도 좋은 사료로 활용할 수 있고 사육과정에서 항생제 등도 필요하지 않다. 최근 바다목장 고급어류 사료나 애완동물 사료로 인기가 높아 수요가 급증하고 있기도 하다.

세계 대체육 시장이 급속도로 성장할 것으로 예측됨에 따라 이 시장에 뛰어드는 글로벌 기술 스타트업도 급증하며 신산업으로 자리매김하고 있고, VC들의 투자 또한 확대되고 있다. 식물성 대체육, 배양육과 더불어 대체 유제품, 대체 해산물, 대체 계란 등 범위와 종류도 날로 확대되고 있다. 국내에도 건강을 생각하는 소비자들 사이에 대체육 수요가 꾸준히 증가하면서 신세계, 풀무원 등 전통 식품기업뿐 아니라 많은 기술기반 스타트업들의 참여가 증가하고 있다. 정부 또한 대체육 산업을 미래 먹거리 산업으로 지목하고 핵심기술에 대한 연구와 개발, 투자와 제도 정비를 서두르고 있다.

대체육 스타트업 사례

IMPOSSIBLE FOODS

임파서블 푸드(미국)는 세계적인 대체육 스타트업으로 식품 연구를 통해 분자 수준의 과학적 연구, 즉 고기를 엔지니어링하며 동물성 육류의 맛과 질감을 내는 헴Heme이라는 핵심 성분을 발견했다. 2011년 설립 이후 햄버거용 패티와 소시지 생산에 주력하고 있다. 버거킹, 서브웨이, 스타벅스 등 전세계 매장에서 대체육과 임파서블 버거를 공급하고 있으며 '소고기보다 맛있는' 식물성 대체육을 표방한다.

GOODCATCH FOODS

굿캐치 푸드(미국)는 식물성 참치를 개발한 스타트업이다. 이들은 여섯 종류의 콩과 식물 단백질을 혼합하여 참치의 맛과 식감을 구현한다. 해바라기씨유와 양파, 마늘 분말을 더해 해산물의 풍미를 구현하며 참치의 대표 성분인 오메가-3를 보충하고 있다. 해양 오염이 갈수록 심각해지고 해양생태계에 악영향을 끼치는 대규모 남획이 이어지는 가운데서 대안으로 주목받고 있다.

MARLOW FOODS

말로우 푸드(영국)의 대체육 브랜드 퀀Quorn은 마이코프로틴Myco-protein이라는 성분을 다룬다. 마이코프로틴은 버섯 균류 단백질에서 추출하며 섬유 조직 자체가 일반 닭고기보다도 촘촘해 씹는 맛이 일품이다. 이 성분은 스테이크, 소시지, 햄버거 패티 등 광범위한 육류 대용으로 쓰일 수 있다. 국내에서는 생소하지만, 퀀의 마이코프로틴 제품은 전 세계 22개국에서 판매 중이다.

지구인컴퍼니

지구인컴퍼니(한국)는 국내 기술력을 이용해 처음으로 식물성 대체육을 선보인 푸드테크 스타트업이다. 현미, 귀리, 아몬드, 캐슈너트 등 곡물과 견과류를 활용해 소고기를 모사했다. 100% 식물성 단백질을 활용하여 단백질 함량이 높고 콜레스테롤 및 트랜스지방이 없다는 장점이 있다. 이마트는 수도권 20개점 내 축산 매장에서 지구인컴퍼니의 대체육 판매를 시작했고 파리바게뜨도 식물성 대체육 샌드위치를 출시했다. 지구인컴퍼니의 대체육 브랜드 언리미트UNLIMEAT는 올해 미국 전역에서 출시될 예정이다.

EAT JUST

잇저스트는 2011년 녹두를 활용한 식물성 계란 개발업체로 출발했고, 주력 제품은 식물성 계란인 저스트애그와 배양 닭고기이다. 이 회사의 식물성 계란은 단백질 함량이 일반 계란과 비슷하며 콜레스테롤이 없다는 영양적 이점이 있다. 잇저스트는 유니콘 기업으로 성장한 뒤, 2017년부터 배양 닭고기 개발에 착수했다. 이들은 동물을 도살하지 않고 필요한 조직만 적출하여 줄기세포를 배양한 뒤 용도에 맞게 가공한다. 2020년 말에 싱가포르에서 배양육의 상업화를 세계 최초로 승인받고, 싱가포르 내 레스토랑과 소매점에서 배양육 치킨 너겟 브랜드 굿미트Good Meat도 판매를 시작했다.

UPSIDE FOODS

업사이드 푸드(미국)는 맴피스 미트라는 이름으로 불리다 사명을 변경했다. 2015년에 설립되었으며 동물세포를 사용해 배양육을 제조하고 있다. 식물성 단백질과 식물성 대체육에 대한 판매 수요가 급증하고 있지만, 소비자들은 여전히 동물성 육류를 더 많이 섭취하고 있기에 업사이드 푸드는 이러한 수요를 충족시키고자 한다. 2016년에는 세계 최초로 배양 소고기 미트볼을 개발하고, 해에는 세계 최초의 배양 닭고기와 오리고기를 선보이기도 했다.

BLUENALU

블루날루(미국)는 세포 수분배양cellular aquaculture 방식으로 생선 배양육을 개발하고 있다. 생선 배양육은 마취한 생선에서 근육조직을 채취한 뒤 줄기세포만을 분리해 배양기에서 증식시킨다. 이후 영양물질을 함유한 바이오잉크와 함께 3D 프린트에 담아서 요리사가 원하는 모양에 맞게 생선살을 찍어낸다. 이 회사의 배양육은 일반 생선과 맛과 질감이 매우 유사하다는 호평을 받고 있다.

PERFECT DAY

퍼펙트데이(미국)는 동물이 아닌 곰팡이 발효 기술을 통해 세계 최초의 우유 단백질을 개발했으며 공장형 사육, 유당, 호르몬 또는 항생제의 단점 없이도 전통적인 유제품의 맛을 재현해냈다. ISO의 인증을 받았으며, 퍼펙트데이의 기술은 기존 생산법에 비해 물 사용량 최대 99%, 온실가스 배출량 최대 97%, 재생 불가능한 에너지 최대 60%를 절감시킨다. 그리고 이를 기반으로 아이스크림, 요구르트, 치즈 등의 다양한 유제품을 만들고 있다.

알레프팜즈(이스라엘)는 우주에서 인조 소고기를 생산한 것으로 주목을 받았다. 장기적인 우주 임무와 여행에서 해결하기 어려웠던 '외계 식량 생산'을 실현하고 있다. 또한 이 스타트업은 2021년 배양육을 만드는 3D 바이오 프린터를 개발했다. 3D 프린팅 기술을 배양육 생산에 이용하면 대량생산이 가능해지며 배양육 시장에서 가장 큰 장벽이었던 높은 제조 비용을 낮출 수 있다. 이제 동물 세포를 수요에 맞게 프린팅할 수 있는 시대가 도래한 것이다.

다나그린(한국)은 단백질 가교cross linking 기술과 미니 장기mini organ 배양 기술로 성장하고 있는 배양육 스타트업이다. 다나그린은 애초 배양육 생산을 목적으로 하지는 않았다. 신장이나 간 조직을 생체 외에서 만들어 미니 장기를 개발해 동물실험을 대체해왔다. 그러나 기술적으로 근육도 생체 외에서 배양할 수 있다는 판단으로 배양육 생산에 도전하게 되었다. 이들은 소나 닭, 돼지의 근육 세포를 추출하여 콩 단백질로 구성된 지지체 안에 동물성 근육이 채워지는 기술을 개발했다.

인섹트(프랑스)는 식용곤충 밀웜을 대량 양식해 고단백 대체식품을 만드는 세계 최대 규모의 곤충 식품기업이다. 이 회사는 로봇 도입을 통한 완전 자동화 사육 기술을 통해 품질 균일화와 대량생산을 이뤘고, 밀웜을 담은 박스를 쌓아 올린, 수직 사육장 팜힐Farm Hill로 최적의 성장 사이클을 찾아 생산성을 극대화했다. 밀웜에서 추출된 순수한 원료는 포장을 거쳐 반려동물 사료, 수산동물 사료, 그리고 식물용 비료를 원하는 기업 고객들에게 판매된다.

SIX FOODS

식스푸드(미국)는 감쪽같은 곤충 스낵 첩스 칩스Chirps Chips를 선보인 친환경 곤충 식품기업이다. 풍부한 영양과 바삭한 식감을 가진 귀뚜라미를 원재료로 사용하며 기존 감자칩 대비 고단백 저지방 식품을 만든다. 귀뚜라미는 음식물쓰레기를 처리해주기 때문에 대량의 쓰레기가 이들의 훌륭한 사료로 활용될 수 있다. 식스푸드는 과자의 모양과 식감, 패키지까지 기성 과자와 비슷하게 내며 곤충 식품에 대한 소비자들의 거부감을 덜고 있다.

PROTIX

프로틱스(네덜란드)는 곤충으로 동물 사료를 중점적으로 생산한다. 프로틱스가 활용하는 벌레인 '동애등에'는 음식물쓰레기를 먹어 환경 정화 곤충으로도 불린다. 이들은 돼지와 가금류부터 애완동물 전문 사료까지 다양한 동물을 대상으로 맞춤형 사료를 선보이고 있다. 최근에는 물고기 사료에 도전하면서 최고급으로 꼽히는 네덜란드 연어 양식에서 곤충 단백질로 자사의 영향력을 확대하고 있다.

NATURE'S FYND

네이처스 파인드(미국)는 곰팡이 발효를 이용한 대체 단백질을 생산하며, 특히 옐로스톤 국립공원의 화산 온천에서 'Fy'라는 영양 곰팡이 단백질을 배양하고 있다. Fy 단백질은 비타민, 미네랄, 섬유질 및 9가지 필수 아미노산이 함유된 단백질이다. 이를 이용해 햄, 크림치즈 등의 제품을 출시했고, 최근 상용화와 글로벌 확장을 위해 시리즈 C 자금으로 3억 5,000만 달러를 투자유치 했으며 시카고에 1.85헥타르 규모의 시설을 추가해 성장을 이어가고 있다.

AIRPROTEIN

에어프로틴(미국)은 공기 중의 원소에서 단백질을 추출하는 새로운 방식을 시도하고 있다. 1970년대 NASA의 과학자들이 탄소 변환을 사용해 우주 비행사들에게 영양분을 공급할 방법을 모색했던 것이 그 출발이며, 오늘날 에어프로틴이 현대의 식품 제조 기술을 결합시켰다. 일명 폐쇄 육류 시스템이라 불리는 기술은 미생물을 사용하여 배출된 이산화탄소를 음식으로 전환시킨다. 해당 기술로 완성된 공기 단백질 분말에는 9가지 필수 아미노산이 함유돼 있다.

6차 산업

우리나라의 농어촌 지역은 인구감소와 고령화 등으로 소멸의 위기에 놓여 있다. 이런 현실을 해결할 만한 대안으로 '6차 산업'이 대두되고 있다. 1차 산업부터 4차 산업까지는 익숙하지만 6차 산업의 개념은 아직 생소하다. 그렇다면 어떠한 이유로 6차 산업이 침체된 농촌 지역에 활기를 불어넣는 대안으로 떠오르는 것일까.

기본적으로 6차 산업은 농촌에 존재하는 모든 유, 무형 자원을 바탕으로 이루어진다고 이해하면 쉽다. 6차 산업을 이루는 각 산업군은 1차 산업인 농업, 2차 산업인 제조업, 3차 산업인 서비스업 세 가지가 모두 융합되어 있다. 6차의 의미는, 단순히 농업과 제조업, 서비스의 집합(1+2+3=6)이 아니라 각 산업군 간의 유기적이고 종합적인 융합($1 \times 2 \times 3 = 6$)을 통해 새로운 부가가치를 창출한다는 개념이다.

예를 들어 콩 농사를 짓는 농가의 사례로 이야기해보자. 콩 농사를 짓는 데 그친다면 이 농가는 1차 산업에 종사한다고 할 수 있다. 하지만 간장이나 된장 제조 공장을 운영하고, 청국장이나 두부 음식을 만들어 체험행사를 하거나 판매까지 하게 된다면 이 농가는 6차 산업에 해당하는 셈이다. 자기가 생산한 콩을 농협이나 시장에 팔고 끝내지 않고, 원료인 콩의 가공을 통해 부가가치가 높은 상품을 만들고 관광이나 서비스로 가치를 한층 높이기 때문이다.

이처럼 농축산업이 가지는 생산적인 측면을 기본으로 하되, 이것을 농산물 가공이나 특산품 개발의 기반으로 삼고, 나아가 농촌 주민 주도로 농식품 유통, 농촌체험 같은 관광산업 등으로 연계하면 부가가치 창출은 물론 저가에 거래되던 농산물의 가격을 높이는 효과도 낼 수 있다. 아울러 농업생산물에 창의적인 스토리를 입히면 다양한 형태의 식품, 의약품, 건강식품, 생활용품 등 가공품부터 관광 체험 및 케어 서비스 상품까지 개발할 수 있는 가능성도 열린다. 이를 통해 기존에는 없었던 새로운 일자리가 창출되고, 지역 자체가 홍보되기 때문에 6차 산업은 지역 경제와 지역 커뮤니티를 활성화하는 기틀을 마련하는 역할도 한다.

최근 베이비붐 세대를 비롯한 도시의 은퇴자들과, 농업의 가능성을 일찍이 간파하고 스마트 비즈니스를 구상하는 청년들의 귀농귀촌이 이뤄지고 있다. 이러한 트렌드는 6차 산업의 가능성을 더욱 높여준다. 한때 고객 입장이던 도시인의 시장에 대한 높은 이해는 다양한 니즈를 반영한 창업의 바탕이 되고, 생산보다 판매에 중점을 두기 때문이다. 6차 산업은 일단 생산하고 보는 과거의 농업과 달리, 팔릴 것을 염두에 두고 생산한다. 능동적이고 적극적으로 시장을 개척하고 고객을 찾는다는 관점에서 귀농귀촌의 증가는 긍정적 현상으로 평가할 수 있다.

요즘 농업은 식량 생산을 넘어 다양한 부문으로 그 범위가 확대되었는데, 농산업 종자사 다양한 활동을 통한 부가가치 창출이 얼마든지 가능하기 때문이다. 그 대표적인 사례가 이른바 치유농장 care farm이다. 치유농장 또는 치유농업이란 농촌자원을 활용하여 사람들의 심리적, 사회적, 신체적 건강을 도모하는 산업이나 활동을 말하며, 최근 현대인의 건강 회복과 사회적 가치 창출의 측면에서 더욱 각광을 받으면서 새로운 비즈니스로 떠오르고 있다. 자연만이 줄 수 있는 심신의 회복과 치유를 보다 안전한 지대에서 경험하고 만끽할 수 있도록 한 체험형 비즈니스가 현대에서는 치유농장의 모양새로 갖춰지고 있다.

우리나라는 2021년 치유농업에 대한 연구와 정책 사업 지원을 위해 '치유농업 연구개발 및 육성에 관한 법률(약칭 치유농업법)'을 제정했다. 농촌진흥청은 전담조직인 치유농업추진단을 만들며 치유농업의 조기 확산을 위한 지원체계를 구축했으며, 치유농업을 활성화시키고, 지속가능한 성장을 위해 정부 차원에서 전방위적 노력을 기울이고 있다. 이미 네덜란드, 벨기에 등 선진국에서 치매 노인과 지적장애인 및 지체장애인에게 그 효과가 놀라울 정도로 긍정적이라는 검증된 사례들이 있다. 이에 따라 치유농장 비즈니스모델은 더욱 개인화된 맞춤형 프로그램으로 세분화될 것으로 전망된다.

우리나라의 치유농장은 아직 시작 단계이지만 법안과 제도가 점차 성숙해지면 지금처럼 침상만 즐비한 집단거주형 요양원이 아닌, 농업형 케어팜으로 진화된 시니어 비즈니스도 가능해질 것이다. 농촌 수익도 극대화할 수 있는 프랜차이즈형 치유농장 요양원도 먼 미래의 일만이 아니다. 투자의 증대와 더불어 해외사례를 참고한 치유농장의 효과적 운영을 통해 점차 6차 산업 및 농촌 분야의 선도산업으로 자리매김할 수 있다.

이커머스가 보편화되면서 농업 역시 생산보다 판매가 중요하다는 고객지향형 인식이 확산되었다. 또 디지털 마케팅 역량을 바탕으로 기존 유통방식이 변화하면서 청년에게는 기회가 더 많아졌다. 화이트칼라 농부로서 시스템 기반 생산부터 디지털 유통까지 아우르는 6차 산업형 비즈니스가 가능해졌기 때문이다. 청년들의 다양한 디지털 역량과 혁신 수용성은 농업 분야에서 새로운 부가가치로 탈바꿈되어 공급자 중심의 농업생태계에 혁신의 바람을 불어넣을 것으로 기대된다.

6차 산업 스타트업 사례

해녀의부엌

해녀의부엌(한국)은 제주도 해녀의 삶과 이야기를 연극으로 담아낸 로컬푸드 레스토랑이다. 메뉴는 제주 해녀들이 채취해온 해산물을 중심으로 차려진다. 해녀의부엌은 사라져 가는 해녀 문화, 그리고 해녀들이 고된 노동에 비해 정당한 보상을 받지 못한다는 문제의식에서 출발했으며 방문객들에게 식재료에 담긴 노고와 스토리를 전달하면서 감명 깊은 식사와 공연 체험 문화를 이끌어가고 있다.

상하농원

상하농원(한국)은 '현대인의 잃어버린 고향마을'이라는 콘셉트로 설계된 복합 농촌 체험공간이다. 매일유업과 고창군의 공동 투자로 갑갑한 도시를 떠나 넓은 농원 속에서 편히 쉴 수 있는 공간이 조성되었다. 친환경 건축 자재로 지어진 호텔 '파머스 빌리지', 고창 지역에서 생산된 신선한 농작물을 선보이는 레스토랑 '파머스 테이블'이 대표적이며 각종 체험프로그램을 통해 풍성한 농장 경험을 선사하고 있다.

쿠엔즈버킷

쿠엔즈버킷(한국)은 프리미엄 참기름 시장을 개척했다. 기존 업체 중에서 저가 기름으로 양을 불리거나 수입산 깨를 섞는 문제에 주목했다. 원적외선 저온 볶음 기계를 설치하여 건강하고 맛있는 기름을 생산하며, 남은 참깻묵을 활용하여 페이스 오일, 마스크팩, 땅콩버터 등 기발한 아이템도 구상하고 있다. 미국, 홍콩, 싱가포르 등 참기름 선호도가 높은 국가를 대상으로 활발하게 수출도 하고 있다.

서일농원

서일농원(한국)은 경기도 안성에 위치한, 2,000개의 정갈한 장독대와 소박한 정원과 나무들이 어우러진 농원이다. 청국장과 된장, 고추장, 장아찌, 매실 식초 등 발효식품 위주로 판매하며 레스토랑 '솔리'에서는 서일농원 제품으로 만든 정갈한 한식을 맛볼 수 있다. 서일농원의 장류는 우리 땅에서 자란 콩으로 쑨 메주로 전통적인 방법과 과학적인 연구 결과를 바탕으로 엄격하게 제조되고 있다.

보은황토사과

보은황토사과발전협의회(한국)는 충청북도 보은 지역에서 생산되는 사과로 53곳의 농가로 시작했지만, 현재는 농가 수가 107곳으로 2배나 늘어났다. 보은사과는 사과 생산, 사과 가공뿐만 아니라 사과나무체험학교를 운영하면서 6차 산업 우수경영체 명단에 꼽히기도 했으며 지역 대표 체험으로 육성했다. 협회 회원들의 사과 재배 기술을 통한 고품질 사과 생산과 다양한 전통문화를 접목한 농촌 체험으로 약 80억 원의 연매출을 올리는 중이다.

HOEVE KLEIN MARIËNDAAL ------------------------------○

후버 클라인 마리엔달(네덜란드)은 재단 형식의 케어팜으로, 케어팜 부지는 인근 환경 단체 소유의 숲을 임대하여 활용하고 있다. 시작은 케어가 필요한 몇몇 사람과 함께 작은 농지에서 야채를 재배해 파는 정도였다. 그런데 농장이 사회적 비즈니스로 성장하면서 지금의 마리엔달 농장의 모습을 갖추게 되었다. 주요 이용객은 성인과 아이들, 노인 등 연령을 구분하지 않고 다양하며, 치매 노인들을 위한 농장 실내외 활동, 정원 작업, 가축 먹이주기, 조각 놀이 등 농업과 문화활동이 복합적으로 이루어지고 있다.

HOGEWEYK --○

호그백(네덜란드)은 자유와 재미를 추구하는 요양 마을이다. 치매 환자들이 요양하는 호그백에서는 서로를 '환자'가 아닌 '주민'이라고 부른다. 주민들은 치매마저 잊은 채 자유롭게 무료로 쇼핑, 영화관, 레스토랑, 미용실 등을 이용한다. 이 마을의 특징은 우체부, 마트 직원 등 250명의 의료진이 다양한 직업으로 위장하여 주민들의 상태를 확인한다.

스벤보르그 데멘스빌(덴마크)은 덴마크의 최초 치매마을이며 네덜란드 호그벡 마을을 벤치마킹하여 만들었다. 이 치매 마을의 목표는 노인이 치매 진단을 받아도 독립적으로 삶의 방향을 찾아 움직이고 삶의 질을 유지할 수 있게 하는 것이다. 시설에는 125채의 소형 아파트가 있고 225명의 주민들이 거주할 수 있으며 8명이 분리된 룸에 같이 살며 부엌과 라운지를 공용으로 한다. 그 외에도 식당, 미용실 등의 시설을 이용할 수 있고 다양한 프로그램들과 농장, 정원도 운영하고 있어 노인들이 활동을 통해 힐링하고 삶의 활력을 유지할 수 있도록 돕고 있다.

LA FATTORIA VERDE

라 파토리아 베르데(이탈리아)는 이탈리아에 생긴 초기 팜 중 하나로, 농장주 샤넷과 그녀의 남편이 자폐증을 앓는 아들을 위해 시작한 케어팜이다. 부부는 말과 함께할 수 있는 치유법, 말 침대 Horse bed riding를 이용해 거동이 불편한 장애인들이 두 말 사이에 설치한 침대에 누워 말을 타는 기분으로 마사지까지 받게 했다. 이뿐만 아니라 농장에 방문하는 자폐증을 앓고 있는 아이들도 동물들과 교감할 수 있고 동물 씻기기, 농장 청소하기 등 과제를 수행하면서 책임감도 배워간다.

BAD WÖRISHOFEN

바트 뵈리스호펜(독일)은 1800년대 중반부터 역사가 시작된 곳으로 독일 뮌헨에서 서남쪽으로 70~80km 떨어져 있는 산림 치유마을이다. 23곳의 치료 시설이 운영되고 있고, 170여 개의 치유호텔이 있으며, 내면의 평온과 자연치료를 중심으로 다양한 프로그램이 제공되고 있어 많은 사람이 찾고 있는 유명 케어팜이다.

EEKHOEVE

에이크후버(네덜란드)는 지역 경제와 연계하여 농작물을 판매하면서 6차 산업의 미래를 보여주는 치유농장이라는 평가를 받고 있다. 치유농장의 본 역할을 하면서 비즈니스 수익모델 확보와 지속경영을 위해 계란, 우유 등의 지역 농산물을 활용한 아이스크림, 치즈, 허브가공품 등을 만들어 팔고 레스토랑도 운영하고 있다.

누쿠모리 소셜팜

누쿠모리 소셜팜(일본)은 시즈오카현에 위치한 사회적경제 치유농장으로, 고령자 데이케어센터를 운영하고 있다. 판매용보다는 자급자족을 위해 채소와 농사를 짓고, 인근 대학교과 자매결연을 맺어 학점이수를 위한 실습장을 제공하기도 한다.

디지털 유통

20세기 중반 개인용 컴퓨터가 등장한 이후, ICT는 발전을 거듭하여 오늘날의 사물인터넷, 클라우딩, 빅데이터 기술 등의 4차 산업혁명을 이끌고 있다. 정보통신기술은 연결의 기술이다. 이러한 기술 환경 변화는 전통적인 유통시장의 근본 구조를 변화시키고 있다.

스마트폰의 등장 이후 아마존, 이베이, 알리바바 등 거대 이커머스 기업들이 온라인 플랫폼 시장을 지배하고 있다. 저비용과 연결성을 앞세운 온라인 플랫폼 기술로 길고 복잡한 가치사슬을 축약할 수 있기 때문이다. 이에 따라 전통적인 오프라인 위주의 유통시장이 온라인 전자상거래 시장으로 대체되고, 단순한 대체를 넘어 새로운 차원의 기술접목과 데이터 혁신을 통해 새로운 형태의 상거래 질서가 빠르게 재편되고 있다.

한편, 신선도 유지와 재고관리가 어려운 상품 특성으로 온라인화가 늦었던 농식품 유통시장도 다양한 플랫폼 기업의 등장 후 속속 온라인으로 재편되고 있다. 생산의 스마트화를 넘어 생산, 수확, 유통, 소비에 이르는 농업 가치사슬의 모든 단계에 걸쳐 스마트화, 디지털화가 진행되는 것이다.

기술의 변화와 더불어 사회적 가치관과 욕구도 달라지고 있다. 이에 따라 비용 절감과 저장기술 개발, 유통망 개선 등만이 아니라, 소비자의 요구를 충족하기 위한 유통 자체의 개선도 이루어지고 있다. 즉, 신선한 식자재의 편하고 빠른 배송, 제품에 대한 더 자세하고 투명한 정보, 손쉬운 가격 비교 등 유통업체들도 수요와 시장의 변화에 대응하는 중이다.

이러한 디지털 유통 선도기업들의 핵심자원과 경쟁력은 무엇일까. 이 기업들은 단순한 온라인 유통사업자로 보일지 모르지만 이는 빙산의 일각이다. 수면 아래에서는 엄청난 데이터의 가공과 결합, AI를 통한 자동화된 의사결정을 지원하는 시스템이 숨어 있다. 이 방대한 데이터들은 온라인 거래에서 자동 누적되는 다양한 정보들로 영업, 마케팅 등 판매는 물론 상품의 매입, 재고, 배송 관리 등 전사적 통합 플랫폼을 가능하게 하는 핵심 엔진이다.

예를 들어 컬리는 '데멍이(데이터를 물어다 주는 멍멍이)'라는 수요 예측 AI로 물류시스템을 관리한다. 신선식품의 특성상 재고를 비축할 수 없으니 효율적인 AI 선주문 후배송 시스템을 만들어, AI의 데이터 기반 의사결정으로 수요변화에 따른 물류 스케줄을 매일 유동적으로 조정한다. 이로써 신선식품 폐기율을 1% 수준으로 낮추고 새벽배송을 가능하게 했다.

또한 고객의 인구통계 데이터와 지리 데이터가 결합된 대량의 구매 데이터 분석으로 고객의 취향과 구매 패턴을 예측한 마케팅을 하고 있다. 디지털 유통기업들은 이제 구매와 판매의 단순 중개의 유통회사가 아니라 높은 수준의 데이터를 수집 및 가공, 분석하는 첨단 IT 회사인 것이다.

한편, 유통시장의 O2O Online to Offline 플랫폼화도 새로운 추세이다. 온라인으로 고객을 모아 오프라인 상점으로 연결하는 것이다. 아마존은 미국 최대 유기농식품 유통업체인 홀푸드를 137억 달러에 인수하며 그동안 아마존의 약점 중 하나라던 신선식품 시장에서도 경쟁력을 갖게 되었다. 홀푸드의 브랜드와 물류거점을 이용하여 시장을 장악할 수 있게 된 것이다. 알리바바 또한 "전자상거래 시대는 조만간 끝날 것"이라고 이야기하며 신유통 시대의 도래를 예견했고, 오프라인 유통업체에 투자를 늘리며 온오프라인 통합서비스를 구축하고 있다. 두 기업 모두 수많은 충성고객의 데이터, 빅데이터, AI 등의 기술력을 오프라인 매장과 결합하여 새로운 밸류 체인을 형성하고, 그 시작점을 신선식품 분야로 잡은 것이다. 4차 산업혁명으로 유통시장이 다시 한번 변혁하고 있다.

디지털 유통 스타트업 사례

GREEN LABS --

그린랩스(한국)는 국내 최대 규모의 디지털농업 솔루션 스타트업이다. 농장 신축, 작물 재배, 유통 판매와 컨설팅에 이르기까지 농업 종사자를 위한 모든 솔루션을 디지털화하고 있다. 그리고 이 모든 솔루션을 자사의 데이터 농업 플랫폼인 '팜모닝'에 담았다. 팜모닝은 어플리케이션으로 농장 원격제어 관리가 가능하며 시장과 유통 정보까지 제공하는 플랫폼이다. 농사를 짓는 전체 과정에서 경험하는 불편함과 어려움을 디지털 기술로 해결하며 농업 데이터 유통을 실현하고 있다.

푸드팡 --

푸드팡(한국)은 AI 기반 식자재 도매 플랫폼 스타트업이다. 식당을 운영하는 고객들이 어플리케이션으로 식당에 필요한 물품을 주문하면 서울과 부산의 도매시장을 기반으로 주문한 상품을 무료로 새벽배송하고 있다. 고객들은 농산물, 축수산물, 공산품 등 1만 1,000여 개 상품의 도매시장 시세 확인을 통해 저렴하게 식자재를 구입하고 있다. 식자재 산업의 중심인 도매시장의 완벽한 디지털 전환을 목표로 하고 있다.

트릿지(한국)는 식품 및 농수산물 바이어들이 안심하고 거래할 수 있는 환경을 만들기 위해 자사의 '트릿지 풀필먼트 솔루션'을 개발했다. 이를 활용해 제품을 직접 공급할 뿐만 아니라 제품 생산부터 배송까지 거래의 전 단계를 책임지고 있다. 현재 농산물 가격 데이터만 5억 개, 총 15만 종의 농산물 데이터를 보유할 정도로 농산물 정보 축적량이 압도적이다. 2022년 투자에서 기업가치를 3조 6,000억 원으로 평가받아 국내 애그테크 스타트업 중 최초의 유니콘이 되었다.

FBN

FBN(미국)은 '농업계의 구글'을 꿈꾼다. 농민들끼리 종자 정보와 산출량, 재배 노하우 등 필수 정보를 공유할 수 있는 정보 플랫폼 서비스로 출발했다. 이러한 농업 네트워킹 시스템을 활용하여 옆 농가의 정보를 알 수 있고, 유사한 농가의 환경에 대한 경험을 공유하고 상태를 개선할 수 있게 되었다. 또한 농자재 이커머스 마켓플레이스를 만들어 농작에 필요한 제품을 저렴한 가격에 판매하고 있다. 농업 특화 금융 서비스도 제공하면서 농지 매입자금이나 농기계 구매를 위한 대출상품을 소개하고 최적의 보험 서비스를 추천한다. 이처럼 FBN은 네트워킹에서 시작된 데이터를 활용하여 농부의 다양한 문제를 해결하고 있다.

BLUE APRON

블루에이프런(미국)은 밀키트 배달 전문 스타트업이다. 원하는 요리를 선정하여 각각의 조리 단계를 설명한 사진과 필요한 분량의 신선한 식재료를 제공한다. 요리 실력에 자신이 없거나 번거로운 장보기, 레시피 검색에 투입되는 시간을 절약하고 싶은 소비자들의 수요를 충족시켜준다. 또한 음식과 어울리는 와인 페어링, 동네 마트에서는 접하기 어려운 미국 전역에서 공수한 이국적인 식재료 제공이 가능하다는 점도 블루에이프런의 강점이다. 미국 밀키트 구독 시장을 구축한 선구자로 평가받고 있다.

INSTACART

인스타카트(미국)는 물류창고 하나 없이 50조원 가치의 기업으로 성장한 식료품 배달업체이다. 장을 볼 시간이 부족한 맞벌이 부부나 1인 가구를 타깃으로 물건을 주문하면 1~3시간 이내에 신속하게 집으로 배송해준다. 지역 슈퍼마켓과 소비자 사이에 '인스타카트'라는 가상의 상점을 추가하여 유기적으로 연결하며 '쇼퍼'라고 불리는 파트타임 직원들이 장을 대신 봐준다. 최단 거리에 있는 쇼퍼를 발견하고 배송과정까지 모두 알고리즘이 관여하여 소비자와 상점, 쇼퍼 간 최적의 조합을 결정하기 때문에 단시간에 배송할 수 있다. 최근 들어서는 약품, 전자제품, 홈데코 등으로 영역을 넓히고 있다.

애그리디지털(호주)은 농업에 블록체인 기술을 결합한, 농부들을 위한 신용 거래 플랫폼이다. 기존 농산물 시장에서 통용되고 있는 거래 방식은 상대적으로 안전하지 않다는 평가를 받고 있다. 반면 애그리디지털은 블록체인으로 거래의 중요요소인 투명성과 즉시성, 신뢰도를 보장한다. 또한 농산물을 판매할 때 계약을 공개적으로 기록함으로써 판매 대금의 지불 신뢰도를 확보하고, 토큰 거래 방식을 적용하여 가상화폐처럼 즉시 지불할 수 있도록 했다. 이 스타트업은 농민들의 거래 불안을 종식하고 농산물을 안전하게 거래할 수 있도록 돕는다.

KURLY

컬리(한국)는 대한민국 최초로 새벽배송 시대를 열었다. 일명 '샛별배송'으로 신선식품 배달 시장을 개척했으며 또한 온라인 업계에서 하기 힘든 풀콜드체인full cold-chain 시스템을 도입하여 입고부터 배송까지 유통 전과정을 신선하게 유지한다. 재고까지 책임지는 무반품 원칙을 과감하게 도입해 생산자의 재고 보유와 폐기로 인한 부담을 줄였다. 팬데믹의 장기화로 인해 온라인 장보기가 일상적으로 자리 잡으면서 그 성장이 더욱 기대되는 바이다.

PART 3

글로벌 스타트업 리포트

글로벌 애그테크 산업은 미국 등 농업 선진국을 주축으로 하여 1950년대 후반 비료, 농약의 개발과 농기계의 활용을 확대하며 녹색혁명이라는 성과로 드러났다. 이후 1990년대 중반에 정밀농업이 도입되며 일전에 없던 다양한 기술이 현장에 적용되었다. 2010년대 초반 이후에는 농업기계에 ICT가 접목되고 IoT, 클라우드, 빅데이터 등 4차 산업혁명 기술이 농업과 결합되며 스마트농업, 디지털농업 시대를 열었고, 농업의 무인화, 자동화 실현을 위해 나아가고 있다.

또한, 세계 농업기술 선진국들은 자국의 거대한 내수시장을 기반으로 다양한 기술들을 농업에 적용하며 애그테크 산업을 리드하고 있고, 위성 모니터링, 드론 농업, 자율주행 농기계, 로봇기술의 개발도 선도하고 있다. 초기 기술개발은 존디어, AGCO, CNH 등 농기계 제조기업이 주도했고, 그 이후에는 구글, 아마존, 마이크로소프트 등 글로벌 빅테크 기업들의 선행투자가 있었으며, 몬산토, 바이엘, 듀폰, 신젠타 등 농화학 기업들의 적극적인 인수합병까지 합쳐져 생태계가 비약적으로 팽창하게 되었다.

이후 농업이 저평가된 미래의 핵심사업이라는 인식이 확산됨에 따라 글로벌 투자기관들이 적극적으로 투자에 나서면서 최근에는 스타트업 중심의 선순환 창업 생태계가 갖추어 지고 있다.

해외 애그테크 스타트업들의 참여 업종은 국가별로 약간씩 상이한 점이 있으나 정밀농업, 인도어팜, 농업로봇, 종자산업, 대체식품 등 다양한 분야에서 골고루 혁신의 물결을 만들어내는 중이다. 2022년 기준 글로벌 투자기관들의 투자 포트폴리오를 기반으로 분석한 주요 투자업종은 농산물 온라인 상거래 플랫폼, 식품배달앱 등 대량 매출을 실현하는 유통분야와 인도어팜, 대체식품, 미생물, 유전체를 이용한 농생명공학, 로봇 등 자동화 장비, 농장관리 소프트웨어 및 센서 등 기술 분야를 가리지 않고 넓게 이뤄지고 있다.

farm
business

팜와이즈랩:
제초제 없는 세상을 꿈꾸는 농업로봇

우리가 먹는 농산물을 생산하는 데 얼마나 많은 농약과 화학비료가 사용될까. 이런 화학물질은 우리 몸속에 조용히 쌓여간다. 대표적으로 옥수수와 대두 등 콩과 식물에 가장 널리 사용되는 글리포세이트Glyphosate라는 제초제가 있다. 글리포세이트는 2015년 WHO에서 2A 등급의 발암물질로 규정한 성분이며, 글리포세이트를 섭취한 산모가 선천성 기형아를 낳을 수도 있는 위험성이 보고되면서 오스트리아, 프랑스, 태국 등의 국가에서는 글리포세이트 제초제 사용을 아예 금지하거나, 금지 법안 발의를 준비 중이다.

반면 우리나라에 수입되는 콩과 옥수수의 90% 이상이 글리포세이트 제초제를 사용하는 세계 최대 종자 기업 몬산토의 유전자 변형 작물, 즉 GMO 작물이다. 게다가 이렇게 수입된 콩으로 만드는 식용유나 간장, 동물 사료까지 고려한다면 우리는 매일 호르몬 교란 물질에 노출되어 있다고 할 수 있다.

소리 없이 몸에 쌓이는 독성물질, 농약

이러한 위험성은 글리포세이트 농약에만 국한된 문제가 아니다. 현재 농작물들이 시중의 제초제에 적응하고 있어 점점 더 강한 제품을 사용할 수밖에 없는 상황이 되고 있다. 이와 동시에 세계 곳곳에서 농약에 적응한 잡초는 더욱 기형적인 성질을 가진 '슈퍼 잡초'가 되어 농민들을 힘들게 한다.

이렇듯 독한 화학물질이 포함된 제초제와 비료는 생태계를 교란해 환경오염을 유발하며 결국 사람의 몸속에도 쌓이게 된다. 잡초를 제거해도 여전히 토양에는 농약이 잔류해 이를 완전히 제거하기가 상당히 어렵기 때문이다. 그럼에도 세계 인구의 폭발적인 증가와 함께 식량 생산이 늘어나고, 제초제 사용량 역시 증가할 것으로 예상된다. 따라서 유해한 농약 사용 문제는 우리가 당장 해결해야 할 문제이기도 하다.

그런데 과연 화학물질 없이 잡초를 말끔하게 제거할 수 있을까?

이러한 문제를 해결하고자 프랑스 청년, 세바스티앙 보이어와 토마스 팔로마레스는 화학물질 제로인 농업을 구현하기 위해 제초로봇 스타트업 팜와이즈랩Farmwise Labs을 창업했다.

알프스 농장에서 시작된 농업로봇

팜와이즈랩은 프랑스 알프스의 농장에서 두 학생이 농장일을 거들다가 시작된 스타트업이다. 프랑스의 명문대학교인 에꼴 폴리테크니크Ecole Polytechnique에서 컴퓨터공학을 전공한 세바스티앙 보이어와 토마스 팔로마레스는 토마스 조부모의 농장에서 빅데이터를 수집하고 응용해보며 농업용 빅데이터의 활용성을 찾았다. 두 청년의 초기 목표는 친환경 농장 운영 기술을 개발해 조부모의 농장 수확량을 극대화하는 것이었다. 하지만 알프스 농장에서 당장 목표를 달성하기에는 현실의 벽이 높았다. 뛰어난 알고리즘으로 데이터를 분석해도 농기계의 생산성이 좋지 않아 생산성 증대에도 한계가 있었기 때문이다.

이제 막 창업을 결심한 세바스티앙과 토마스는 당장 비싼 농기계를 구매할 수 없었다. 아직 창업을 목표로 하기에는 컴퓨터와 로봇공학 지식도 부족했다. 좀 더 멀리 보기로 한 두 청년은 잠시 사업을 접고 미국으로 건너가 대학원에 진학하기로 했다. 세바스티앙은 MIT대학원에서 컴퓨터공학을, 토마스는 스탠퍼드대학원에서 경영과학을 수학했다.

시간이 흘러 2016년, 각자 대학원을 졸업한 세바스티앙과 토마스는 AI를 접목한 농업로봇 개발을 목표로 다시 뭉쳤다. 이렇게 팜와이즈랩이 설립되었고, MIT와 스탠퍼드, 콜롬비아대학교에서 AI 분야와 농업 전문가 25명이 모여 본격적인 사업에 착수했다.

농약이 필요 없는 물리적 제초작업

팜와이즈랩은 머신러닝과 컴퓨터비전 기술을 활용해 제초작업을 수행하는 자율주행 로봇 타이탄 FT 35를 개발했다. 로봇의 바닥에는 농작물의 상태를 포착할 수 있는 10대의 소형 카메라와 센서가 장착되어 있다. 이 센서와 카메라로 작물의 상태를 모니터링하고, AI가 이미지를 분석해 제거가 필요한 잡초를 실시간으로 판단할 수 있다. 또한 작업을 지속 수행하며 이미지를 수집해 AI 알고리즘의 정확도를 높인다. 팜와이즈랩은 지금까지 4억 5,000만 개 이상의 스캔 이미지로 식물 데이터베이스를 강화했고, 1인치 미만의 정밀도로 잡초를 제거할 수 있게 되었다.

로봇은 잡초 인식뿐만 아니라, 물리적 제거에도 효과적이다. 로봇 기계가 잡초를 인식하면 괭이 형태의 블레이드를 이용해 물리적으로 잡초를 제거한다. 블레이드는 초당 25번 회전한다. 고객의 작물과 토지 상태 정보를 바탕으로 블레이드를 맞춤 설계해주기도 한다. 여기서 더 나아가 팜와이즈랩은 여러 작물을 키우는 농장도 효율적인 제초작업을 한 번에 수행할 수 있는 서비스 WaaS_{Weeding as a Service}를 제공하기 시작했다.

팜와이즈랩의 구독형 서비스 WaaS는 2021년 기준으로 1에이커, 그러니 대략 0.4헥타르당 200달러 정도의 비용이 책정되어 있으며, 여기에는 블레이드 맞춤 제작, 로봇 운반 및 운용, 데이터분석 및 사후지원 서비스가 모두 포함되어 있다. 팜와이즈랩의 로봇은 농부에게 필요한 온도, 습도, 토양 환경 등 작물에 대한 정보를 수집해 결과적으로 데이터 기반 정밀농업을 가능하게 한다.

지속가능한 농업로봇 개발을 위해

2019년 팜와이즈랩은 시리즈 A 펀딩을 받아 1,450만 달러를 조달하며 2022년까지 총 6,520만 달러의 투자를 받았다. 또한 2022년 5월, 〈포브스〉가 선정한 AI 50대 기업 중 한 곳으로 선정되기도 했다. 지금까지 팜와이즈랩은 미국의 대표적인 농업 벨트인 캘리포니아 살리나스 밸리 지역의 상추, 양배추, 콜리플라워를 심는 농장에서 작업을 진행해왔다. 앞으로는 미국 남부의 사막지

대로도 사업을 확장해 다양한 작물을 재배하는 농지에서도 작동하는 로봇을 개발할 예정이며, 제초 이외의 다른 작업도 자동화하기 위해 연구개발을 이어나가고 있다.

AI과 로봇 시장 전문 조사기관인 ABI 리서치의 자료에 따르면 농업로봇의 수요가 10년 내로 현재의 100배 수준까지 증가할 것이라고 한다. 팜와이즈랩은 이런 거대한 흐름에 발맞추어 자율주행 제초로봇을 중점적으로 개발하는 중이다. 이와 같이 4차 산업혁명을 대표하는 기술인 AI를 활용하여 사업적 이익을 창출함과 동시에 환경을 보전하고 농업생산성 향상을 추구하고 있다는 점이 팜와이즈랩의 핵심적인 가치가 아닐까 한다.

팜와이즈랩

Where?	미국, 캘리포니아
When?	2016년
What?	자율주행 제초로봇과 구독형 제초 서비스
Who?	세바스티앙 보이어Sebastien Boyer, 토마스 팔로마레스Thomas Palomares
Why?	친환경 제초작업과 농업생산성 향상을 위해
How?	이미지 센싱, 머신러닝 기반의 제초로봇 개발

테벨:
사람의 손이 닿지 않는 곳까지 훑는 수확로봇

UN의 식량농업기구는 과수원 근로자의 수가 지난 20년 동안 50% 감소했다고 발표했다. 같은 기간 과일 수요와 그 생산량은 2배로 증가하였는데 말이다. 그 결과 충분히 익었지만 수확 시기를 놓쳐 상품성을 잃어가는 과일이 방치되고 있다. 이제 과수원에서는 과일을 무작정 많이 재배하기보다는 어떻게 효율적으로 수확할 수 있을지를 먼저 고려해야 할 상황이 되었다.

이스라엘의 청년 야니브 마오르는 컴퓨터 시스템 엔지니어로 경력을 쌓고 있었지만 자국의 농업 종사자 감소를 기술력으로 대체할 수 없을까 고민했다. 마침내 그는 농업용 자율주행 드론 개발을 시도해 2017년에 드론 스타트업 테벨Tevel 에어로보틱스 테크놀로지스를 창업했다.

테벨이 개발한 자율주행 로봇 드론 FARFlying Autonomous Robot에는 크게 네 가지의 AI 알고리즘 기술이 내장되어 있다. 과일나무와 통로를 구분하고 인식하는 알고리즘, 과일의 크기와 익은 정도를 분석하는 알고리즘, 수확을 위한 최적의 경로를 기기 간에 충돌하지 않도록 계산하는 알고리즘, 그리고 나무와 잎에 손상을 가하지 않는 자율주행 비행 방식의 알고리즘을 핵심으로 한다.

드론을 활용해 수확하는 동안 농부는 직접 과수원에 나가지 않고서도 전체 수확량과 진행 상황, 작업에 예상되는 소요시간 등 정보를 실시간으로 확인할 수 있다. 무엇보다 드론은 밤낮을 가리지 않고 날씨 등의 환경에 구애받지 않아 과수원 운영이 훨씬 수월해졌다. 또한 드론으로 사람의 시야가 닿지 않는 곳이나 손을 뻗치기 어려운 곳까지 정밀하게 살필 수 있고, 최적의 시기에 과일을 선별적으로 수확할 수도 있게 되었다. 공중에서 드론은 과실나무에 접근하기 때문에 사람이 사다리를 타고 접근할 때보다 열매 손상을 줄일 수 있다는 점도 돋보인다.

보통 드론이라고 하면 무선 드론을 많이 떠올린다. 하지만 무선 드론은 장착할 수 있는 배터리의 무게나 용량에 한계가 있어 장시간 작업과 비행을 병행하기에는 어려운 점이 있다. 그래서 작업반경이 제한적일 경우에는 무선 드론 대신 유선 드론을 활용하는 것이 효율적이다. 예를 들어 높은 공장 구조물이나 풍력발전기의 대형 프로펠러를 세척하거나 건물 벽면에 도색할 때는 유선 드론을 사용해 충전 없이 작업할 수 있다. 이때 드론이 분사하는 페인트나 세척액 또한 지상의 탱크에서 펌프로 끌어올려 사용하기 때문에 적재량의 부담도 없다. 테벨의 수확로봇도 이처럼 유선을 통해 본체에서 전원을 무제한 공급받기 때문에 단순하면서도 매우 효율적인 드론이라고 할 수 있다.

수확용 로봇이 농부에게 주는 가치

테벨 설립 초기의 엔지니어들은 AI와 컴퓨터비전, 로봇공학과 항공공학, 데이터분석 알고리즘 등 최첨단기술이 접목된 자율주행 수확로봇을 개발하는 작업에 몰두했다. 그러나 이 스타트업은 과일 수확용 드론 개발에 그치지 않고 가지치기나 과실나무 다듬기 기능을 비롯하여 과수원의 전체적인 관리를 위한 로봇을 개발하는 스타트업으로 발돋움하고 있다.

수확하기 최적의 시기인 과일을 포착하는 일은 숙련된 사람이 아니라면 수행하기 힘들다. 노동자가 숙련되기까지의 시간과 비용, 교육과정도 간과할 수 없다. 심지어 외국인 노동자들이 차츰 숙련된 때쯤 비자가 만료되어 농장을 떠나는 상황도 빈번하다고 한다. 그러나 테벨의 드론은 사람의 능력을 보완하면서도 변수 없는 기술력으로 과수원에서 입지를 굳혀가고 있다.

농업 노동력 부족은 세계적인 현상이다. 팬데믹 이후로 외국인 노동자들이 국경을 넘지 못해 세계 곳곳에서 이 문제는 더욱 심해지고 있다. 테벨은 이러한 상황을 인지하고 있고 자국뿐만 아니라 세계적으로 드론을 보급하기 위해 준비하고 있다. 특히 이민자에게 노동력을 크게 의지하고 있는 유럽과 북미 지역에 가장 먼저 테벨 지사를 설립하기도 했다.

테벨은 세계 30개국 이상에서 로봇 제품 상용화를 목표로 한다. 2022년 3월에는 이탈리아에서 과일 수확 시스템을 연구하는 회사인 다윈과 기술을 결합하여 수확로봇의 기술력을 높였다. 2022년 6월부터는 이탈리아에서 살구와 복숭아 수확을 시작하였고 다음 차례로 스페인 진출을 고려하여 로봇 제작 주문을 받고 있다.

2021년 1월, 테벨은 세계 3대 농기계 제조기업인 일본의 쿠보타가 대표로 진행하는 시리즈 B 펀딩 단계에서 2,000만 달러의 투자를 받았다. 2022년까지 투자받은 누적 금액은 총 3,210만 달러로 이스라엘 정부도 투자에 참여하면서 지원을 아끼지 않고 있다. 쿠보타와 테벨이 함께 과일 수확 분야의 기술을 개발하면서 어떤 방식으로 시장의 선두주자로 자리 잡을지 그 행보가 기대된다.

농업용 수확로봇의 미래

농장 작업의 단계별로 자동화를 실현할 수 있는 기술들은 충분히 상용화되어 있다. 모종식재, 방제, 제초, 그리고 기타 작업을 보조하는 등 뚜렷한 목적을 갖춘 농업로봇이 사람을 대신하여 작업을 진행하고 있다. 그렇지만 수확만큼은 섬세한 손길이 필요해 발전이 상대적으로 더디었다. 기기로 인해 과일과 야채가 손상되기 쉬운 반면, 다른 작물을 손상하지도 않는 위치에서 작업해야 하기 때문이다. 이처럼 수확용 로봇은 가장 까다로운 시기에 각종 환경변수에 대응할 수 있는 종합적인 기술력을 보유하고 있어야 하고, 그만큼 고급 기술이 적용되고 개발될 잠재력이 큰 분야이기도 하다.

국내에서 개발을 진행 중인 수확로봇 사례로는 국립농업과학원에서 연구하는 토마토 생산량 모니터링 로봇이 있다. 토마토는 후숙 열매채소로, 유통기간을 고려한 수확시기가 매우 중요한 작물이다. 이 모니터링 로봇으로 최적의 수확시기를 확인하고, 토마토의 다양한 색상을 면밀하게 인식해 토마토를 생장 단계별로 구분

한다. 기존 기술이 완전히 익은 토마토만 구별할 줄 알았다는 점에서 한층 진일보했다.

이 로봇은 토마토를 6단계로 구분한 뒤 과실 전체 면적 대비 빨갛게 익은 비율을 수치화함으로써 수확시기의 정확성을 높였다. 그 외에도 상추 수확로봇과 딸기 수확로봇 등이 국내 농업로봇 특허로 등록되어 있다. 앞으로 농업로봇의 알고리즘과 AI 기술을 우리나라 자연환경에 접목한다면 노동력 대체 성능도 개선되고 농장 작업을 최적으로 수행하는 로봇에 의한 농업이 실현될 것으로 예상된다.

테벨

Where?	이스라엘
When?	2017년
What?	자율주행 수확용 로봇 드론 'FAR'
Who?	야니브 마오르Yaniv Maor
Why?	노동력 부족 문제 해결과 과실을 최적의 시기에 수확하기 위해
How?	AI, 로봇공학, 데이터분석 기술 등 최첨단 기술을 종합적으로 접목한 로봇 개발

인디고 애그리컬쳐:
지속가능한 농업을 향하여

　기후변화가 농작물 재배에 큰 영향을 준다는 사실은 누구나 안다. 하지만 역으로 농작물을 재배하는 과정이 기후변화에 큰 영향을 준다는 점을 아는 사람은 그리 많지 않다. 실제로 환경오염에서 농작물 재배와 관련된 문제가 전체의 25%가량을 차지한다고 한다. 농작물을 키우기 위한 화학비료가 토양과 수질을 오염시키고, 가축으로부터 뿜어져 나오는 메탄가스와 농기계에서 발생하는 매연 등이 매일 대기를 오염시키는 것이다.

　이는 곧 바이러스 및 해충 유발과 동시에 농업에 유익한 미생물과 균을 사라지게 하고, 결국 생산성이 현저히 저하되는 문제로 이어진다. 그렇다면, 인류가 생존하기 위해서 필수적인 식량문제에 대처하려면 무엇을 해야 할까? 환경에 문제를 일으키지 않고 지속가능한 농업을 연구하는 기업, 인디고 애그리컬처는 그러한 고민에서부터 탄생했다.

기후변화에 농업이 대처할 방법을 제시하다

CEO 데이비드 페리는 미국 털사대학교를 졸업하고 엑손모빌에서 공학자, 프로젝트 매니저, 재무 분석가 등 다양한 분야의 직무를 경험했다. 기업활동의 흐름을 어느 정도 파악하고 난 뒤, 그는 자신만의 회사를 설립하기로 했다. 이후 페리는 20년 동안 3개의 혁신기업을 설립하고 성공적인 IPO와 수십억 달러의 기업가치를 이뤄냈고, 투자자들에게 상당한 수익을 안겨준 성공한 사업가로 자리 잡았다.

그가 2014년에 심바이오타Symbiota의 CEO가 되었을 때, 그는 본인 경력의 다음 단계에 대한 청사진을 고민해볼 기회를 얻었다. 오랜 기간의 심사숙고를 거친 후, 그는 인류 생존 필수품인 식품에 관심을 갖게 되었다. 페리는 아이디어를 사업화하기 위해 '지속가능한 생산과정을 거친, 양과 질이 보장된 건강한 식재료를 공급하는 방법'을 개발하기 위해 끊임없이 고민하고 연구했다. 마침내 건강을 크게 좌우하는 박테리아를 활용하는 아이디어가 떠올랐고, 페리는 이를 연구 끝에 본격적으로 활용하기로 했다.

동물에서 식물까지, 미생물의 재발견

우리 몸에는 수많은 미생물이 살고 있다. 인간은 체내 미생물들과 함께 최적의 건강을 유지하고 질병을 예방할 수 있는 능력을 키우는 방향으로 진화했고, 미생물을 연구해 항생제와 생균제를 개발해냈다. 페라의 사업은 이런 생물학적 지식과 역사에서 출발했으며 이 분야에서 유망한 사업을 고민했다. 페리는 동물에 한정하여 고려했던 미생물의 메커니즘을 식물로 확장하여 연구해보기로 했다.

만일 이러한 미생물들이 인간과 동물뿐만 아니라 농작물에서도 같은 역할을 담당하고 있다면? 항생제가 우리 몸의 유익한 미생물까지 공격하여 오히려 건강이 악화되기도 하듯, 농약으로 인해 농작물에 유익한 미생물의 수도 줄었다면? 여기까지 생각이 닿자 페리가 해야 할 일은 확고해졌다. 인간이 유익한 박테리아균을 몸에 채워 넣기 위해 생균제를 먹듯이, 미생물로 기후 오염으로 인해 사라지고 약해진 식물 박테리아들을 다시 건강하게 되살리는 것이었다.

생각을 거듭할수록 페리의 머릿속에는 확신이 생겼다. 농장에서 태어나 자란 그는 자신의 아이디어가 식품, 농업, 그리고 지구 환경에 대한 문제를 해결할 수 있을 것이라고 결론 내렸다. 그리고 2016년, 페리는 사명을 심바이오타에서 인디고 애그리컬처로 변경하고 바이오산업에 새로운 돛을 올렸다.

인디고 애그리컬처는 생존력이 뛰어난 차세대 작물 생산을 위해 미생물 데이터 연구 센터를 설립했다. 과학적 지식과 농부들의 실제 노하우 등을 빅데이터 형태로 수집하고 분석하여 이를 활용하는 연구개발에 박차를 가했다. 기온과 습도, 염도, 병충해 등 외부 환경 변화에 내성을 가진 작물을 생산할 수 있는 종자를 만들어내는 데 힘을 쏟았다. 그 결과 인디고 어떠한 환경 변화 속에서도 일반 작물보다 생존력이 뛰어난 작물을 개발해낸다.

2017년에 출시된 인디휘트indigo wheat라는 품종의 밀은 병충해에도 강하고, 건조한 기후에서도 잘 자라 일반 밀 대비 수확량이 8.3%가량 높아졌다. 이 차세대 작물은 고객의 마음을 움직여 2016년 시리즈 B 투자에서 4,850만 달러를, 같은 해 시리즈 C 투자에서는 1억 달러를 유치해 농업기술 분야 최초의 유니콘이 되었다. 2020년에는 기업가치를 약 35억 달러로 평가받으며 5억 3,500만 달러를 투자받았다. 2022년 7월에는 시리즈 H 투자에서 36억 4,000만 달러를 유치하며 농업기술 분야를 이끌어 갈 글로벌 기업으로 평가 받는 중이다.

미생물을 넘어 이산화탄소까지 활용하다

인니고의 연구는 미생물에서 시작했다. 미생물로 농업에 새로운 바람을 일으킬 수 있다는 확신이 결과로 증명된 후, 인디고 애그리컬처는 2017년 인디고 파트너스라는 데이터 플랫폼을 출시했다. 이 데이터 플랫폼은 50명 이상의 생산자 및 농업 전문가의 네트워크를 기반으로 한 실시간 농지 관리 파트너십을 일컫는다. 생산자들은 생산성 향상을 목표로 빅데이터와 머신러닝, 그리고 지속적인 연구개발을 결합한 인디고 파트너스를 찾기 시작했다. 결국 2018년 6월 플랫폼의 이름을 인디고 리서치 파트너스로 바꾸며 지속적으로 키우고 있다.

지금도 인디고 리서치 파트너스에서는 전문가와 생산자가 센서, 드론, 기상관측소 등을 활용하여 매일 1조 회 이상의 데이터를 수집하고, 약 5만 에이커, 즉 2만 헥타르 이상의 농지를 유지하는 데에 기술적 도움을 주고받는 중이다. 이와 같이 기존에 얻기 어려웠던 빅데이터를 활용하여 농업의 새로운 지평을 열게 되었지만, 인디고는 이에 만족하지 않았다. 한발 더 나아가 인디고 애그리컬처는 실질적인 기후변화 대처방안을 고민하는 단계로 접어든다. 농작물들도 이산화탄소를 흡수한다는 사실에 착안하여, 농민들에게 테라톤 이니셔티브Terraton Initaiative라는 서비스를 오픈했다.

테라톤 이니셔티브는 탄소 상쇄carbon offset, 즉 한 지역의 이산화탄소 배출 삭감량으로 다른 지역의 이산화탄소 배출량을 상쇄할 수 있도록 하는 제도와 연계하여 농민들이 직접 이산화탄소 절감 프로그램에 참여하도록 유도하는 활동이다. 이 활동에 참여하는 농부들은 자발적인 탄소 농법을 적용해야 한다. 이를 통해 토지에 함유된 탄소를 대기 중으로 방출하지 않고 흙 속에 가두어 둘 수 있다. 그리고 인디고 애그리컬처는 농부들에게 절약한 탄소 1톤당 15달러의 포상금을 제공한다. 적절한 보상과 환경 보호 흐름에 발맞추어 시작된 테라톤 이니셔티브는 마케팅을 직접 하지 않았음에도 농부들의 입소문을 타고 점점 가입자를 늘려가고 있으며, 이를 통해 인디고 애그리컬처는 기후변화에 실질적이고 적극적으로 대처할 수 있게 됐다.

생산자와 소비자를 직접 연결하다

농산물 가격은 공산품 등과 달리 가격등락이 심한 편이다. 농산물 수요는 가격탄력성이 낮아 수요가 꾸준하지만, 동시에 공급이 불안정하기 때문이다. 공급 불안정성은 기후변화가 심화되며 더욱 악화되고 있다. 인디고 애그리컬처는 이러한 문제점을 해결하기 위해 인디고 마켓플레이스라는 유통 플랫폼도 출시했다.

인디고 마켓플레이스는 가격 책정 도구를 제공하여 생산자들에게 곡물 거래에서 발생할 수 있는 위험을 관리해주고, 전략적인 판매를 위한 마케팅까지 컨설팅해주는 서비스이다. 가격 책정 도구는 변동이 심한 농산물 시장에서 생산자들을 위해 가격등락을 완화해준다. 두 번째로 생산자에게 가장 적합한 수익 창출 방식을 컨설팅해주는 농업 전문가와 연결해 효과적인 마케팅 전략을 수립할 수 있도록 돕는다. 이로써 농업에 전념하고 폐쇄된 유통경로로만 판매해왔던 기존의 농업인들에게 새로운 방식을 제안하게 된 것이다. 이러한 서비스는 인디고 애그리컬처가 체계적으로 빅데이터를 수집해왔고, 이를 활용하여 생산량과 가격을 예측할 수 있는 역량을 키워왔기에 가능해졌다.

인디고 애그리컬처는 결과적으로 인디고 리서치 파트너, 테라톤 이니셔티브, 인디고 마켓플레이스 등의 서비스를 제공함으로써 농장주들의 이용률을 높였다. 나아가 네트워크 효과를 발생시켜 점유율을 높이고, 이용자가 늘어날수록 더욱 긍정적인 환경을 조성할 수 있는 선순환 구조를 만들며 지속가능한 농업의 가치를 증명하고 있다.

기술과 환경의 공존, 기술로 포용하는 지속가능 비즈니스

화학비료와 농약의 발전은 폭발적인 작물 생산량 상승을 가져왔

지만, 동시에 수자원, 대기, 토양 등의 급격한 오염도 불렀다. 설상
가상으로 인구 증가와 대비되는 담수 보존량의 한계는 효율적이면
서도 지속가능한 농업 방식을 어떻게 개발해야 하는가에 대한 물
음을 남기기도 했다.

이러한 시점에서 친환경 기술을 통한 농업 비즈니스는 선택이
필수적 과제이기도 하다. 이제 농업 종사자들은 환경을 보호하고,
또 지속가능하도록 유지해야 한다는 책임을 외면할 수 없다. 과거
의 기술들이 오롯이 생산성 향상에만 집중했다면 이제는 환경과
공생할 수 있는 기술의 중요성이 더욱 부각될 것이다. 물론, 첨단
기술의 개발과 채택은 자원적 한계와 여타 이슈들로 인해 늘 쉽지
만은 않다. 하지만 4차 산업 혁명의 시대에 지속가능한 사업 성과
를 달성하기 위한, 피할 수 없는 숙명이기도 하다.

인디고 애그리컬처

Where?	미국, 보스턴
When?	2013년
What?	미생물을 활용한 작물 재배 기술
Who?	데이비드 페리David Perry
Why?	인류의 지속가능한 농업을 위해
How?	첨단기술 연구, 대형 캠페인과 플랫폼 사업 활용

FBN:
흩어진 농업 정보를 모으고 나누다

최근 1955~63년생, 즉 베이비부머 세대의 본격적인 은퇴가 시작되었고, 도시인들의 전원생활을 위한 이주가 늘면서 귀농귀촌 가구가 증가하고 있다. 2021년 우리나라 귀농귀촌 인구는 51만 5,000명으로 매년 증가 중인데, 30대 이하가 46%를 차지한다. 이들 중 많은 수는 이촌향도를 주도했던 세대이기 때문에 귀향이라는 회귀본능도 있지만, 도로 및 정보통신망의 발달로 도시 농촌 간 정보격차도 많이 해소되었고 상대적으로 적은 생활비로 건강한 전원생활이 가능해졌기 때문이다.

이들은 오랜 도시 생활과 기업 근무의 경험으로 전자상거래, 마케팅 등 시장 접근력이 좋으면서도, 새로운 관점으로 농촌을 혁신할 역량이 있다. 그런 만큼 이들이 침체된 지방경제를 살릴 수 있는 긍정적 동력으로 작용할 것으로 기대된다. 또 일본에서 유행하는 반농반저半農半著, 하루의 반은 농사를 짓고 반은 영리 활동을 하는 삶의 태도가 차츰 퍼지고 있기도 하다. 작은 농업을 통해 식량을 지속가능하게 자급하고 값싼 생활비로 저술, 디자인, 프로그래밍 등 자신의 타고난 재주를 세상을 위해 활용함으로써 인생은 물론 사회를 더 행복하게 만드는 대안적 삶을 꿈꾸는 사람이 증가하고 있기 때문일 것이다.

그런데 농사가 생각보다 만만하지 않다는 것이 문제이다. 어디서, 어떻게 시작하면 좋을지, 누가 조금이라도 나에게 꼭 맞는 정보를 알려준다면 큰 도움이 될 텐데, 정보의 홍수라 할 만큼 데이터가 넘치는데 막상 검색하다 보면 내 질문에 딱 맞는 답을 찾기가 생각보다 쉽지가 않다. 정보 공유라며 올려진 단답식의 의견들이 과연 믿을 만한 정보인지 그 근거를 찾기도 어렵고, 작물의 선택이나 토양의 상태 등 경작 노하우 등을 인터넷에서 찾기가 여간 어려운 것이 아니다.

목표는 농업계의 구글

구글의 프로그램 리더였던 찰스 배런은 촉망받는 직장인이었다.

그런 찰스 배런에게는 미국 네브라스카 주에서 옥수수와 밀 농장을 운영하는 처남이 있었는데, 처남을 통해서 농장의 수확물을 거두기까지 예측하기 어려운 변수들이 많이 발생한다는 사실을 종종 전해 들었다. 그는 처남의 농장 일을 도울 때도 있었는데, 그럴 때마다 그 변수의 요소들이 무엇인지 고민하면서 농업에 점차 관심갖기 시작했다. 그렇게 농장 일을 돕던 중에, 배런은 날씨와 토양 상태 등 농사를 짓기 위해 알아야 하는 정보가 많은데, 정작 농부들이 원하는 정보를 얻기가 쉽지 않다는 것을 직접 느끼게 됐다. 심지어 열심히 한다고 해서 알짜배기 정보들을 빨리 습득할 수도 없었다. 농업의 특성상 한 번의 농사가 진행되는 데에는 약 1년 정도의 시간이 소요되기 때문이다. 이러한 정보 부족으로 같은 시간과 노력을 투자해도 농부들의 생산량은 균일하지 않았고, 기업으로부터 부당한 대우를 받아도 역시 대응하기가 어렵다는 문제점도 있었다.

배런은 마침 세상 모든 정보의 중심, 바로 구글에서 일하는 사람이었다. 그런 사람으로서 농부들이 농업에 관련된 여러 정보와 지식을 체계적으로 접근할 수 없다는 현실을 안타깝게 여겼다. 그러면서 세계의 모든 정보를 종합하여 제공하는 구글처럼 농업에 관한 데이터를 일괄적으로 투명하게 제공하는 플랫폼을 만든다면, 농부들이 농사를 더 쉽고 경제적으로 질 수 있겠다는 생각에 이른다. 배런은 본격적으로 이 아이디어에 대한 시장과 고객 검증을 착수했고, 마침내 2014년, 구글을 퇴직하고 FBN Farmers Business Network 을 창업한다.

농부들의 쉬운 정보 공유

2014년 FBN의 초기 단계에서 배런은 농부들이 수천 년 동안 서로에게 조언을 해주면서 농업을 발전시켜 왔다는 것에 착안해 플랫폼의 기본 형태를 만들었다. 바로 네트워킹이다. 누구나 알다시피, 세계 최대의 소셜 네트워크 사이트 페이스북에서는 친구를 맺게 되면 내 페이스북 친구가 무엇에 관심이 있는지를 알 수 있고, 공유하는 정보도 쉽게 볼 수 있다. 그와 비슷한 원리로 FBN에서도 옆 농가에서 씨를 뿌리는 정보를 네트워킹 플랫폼으로 공유하는 것이다. 내 농장 바로 옆 농가의 정보를 알 수 있다면 더 유익할 것이고, 유사한 농가의 노하우나 자기만의 비책을 공유한다면 서로 개선될 테니 말이다.

또한 FBN은 농부들이 토양에 적합한 씨앗을 찾기 힘들어한다는 점에 착안하여 2015년 FBN 씨드파인더를 출시했다. 씨앗은 전문적으로 공급하는 회사가 따로 있긴 하지만 공급사마다 각 씨앗의 종류도 천차만별이고, 토양의 성분에 따른 적합한 씨앗 정보도 전부 달랐다. 따라서 종자회사로부터 씨앗에 대한 정보를 받더라도,

그것마저 제한적이었기에 농부들이 몇 안 되는 주변의 조언이나 직관에 의지해 씨앗을 선택할 수밖에 없었다. 그러나 FBN 씨드파인더는 플랫폼에 축적된 다른 농부들의 기록들과 비교해가며, 해당 농부와 유사한 토양을 찾아 어떤 씨앗이 가장 효과적인지 알려줬다. 농부들은 700달러의 서비스 이용료만 지불하면 제 토양에 적합한 씨앗 추천은 물론, 씨앗과 토양에 관한 정보 등 개별 고객에게 최적화된 알짜 콘텐츠를 마음 놓고 제공받을 수 있게 된 것이다.

농부의, 농부에 의한, 농부를 위한 플랫폼

2020년 FBN은 여전히 농부들의 네트워킹을 지속하며 꾸준히 발전하고 있다. FBN 커뮤니티가 대표적이다. 농부들끼리 농사일지를 공유하며 더욱 원활하게 정보 교류와 소통 할 수 있도록, SNS의 필수적인 기능들을 꾸준히 업데이트하고 있다. 또 이 어플리케이션은 미국과 캐나다 전역의 농부들을 이어주고 만날 수 있게 해주어 정보 교류에 큰 도움을 주고 있다.

소셜 플랫폼 이외에도, FBN은 다양한 솔루션을 제공하고 있다. 농부들에게 옥수수, 대두 등 종자를 직접 제공하여 가격 투명성을 높이는 F2F Farm to Farm 제네틱스 네트워크 서비스와 농자재 등의 이커머스 서비스인 FBN 다이렉트를 새롭게 선보였다. 또 재무 서비스를 제공하는 FBN 파이낸스와 농작물 유통에 특화된 FBN 크롭 마케팅까지, FBN은 농부들을 위한 진정성 있는 서비스를 제공하며 경쟁력과 이익 창출이라는 두 마리 토끼를 잡고 있다.

FBN의 플랫폼에서의 농부들의 정보 교류는 개인에 꼭 필요한 콘텐츠를 쉽게 찾아낼 수 있다는 시너지 효과를 내면서, 전체적으로 농업 비용의 절감으로 이어졌고 농부들 또한 더 많은 이익을 창출할 수 있게 되었다. FBN은 설립된 지 1년 만에 890만 달러을 투자받았고, 161만 헥타르의 농지를 관리하는 네트워크로 성장했다. 이러한 투자금을 바탕으로 FBN은 2015년에 좀 더 효과적으로 농지를 관리할 수 있는 FBN 서비스를 출시할 수 있었고, 이에 대한 큰 호응을 끌게 되면서 구글 벤처스의 투자도 받게 되었다.

펀딩으로 사업 규모를 더욱 키워 미국 대부분의 주를 커버하게 되었고, 아마존과 파트너십을 체결하는 등 농업은 물론, 기술 분야에서도 성과를 달성하고 있다는 평가를 받고 있다. FBN은 2021년 11월 시리즈 G 라운드에서 3억 달러 신규 투자를 받으며, 데이터 및 기술기반의 금융 네트워크를 더욱 확장하고, 농작물 종자 육종 및 재배로봇 개발에 중점을 둔 과학형 비즈니스를 강화해가겠다는 포부와 비전을 제시했다. 현재 미국, 캐나다, 호주를 중심으로 분포된 FBN 회원들은 3,237만 헥타르, 즉 남한의 3.2배가 넘는 면적의 농장을 운영하고 있는데, 이러한 규모를 고려한다면 어떤 비즈니스 시너지 효과를 낼 수 있을지 더욱 기대가 된다.

 FBN이 처음 시작된 계기는 농부들의 불편함이었다. 농업에 관한 일반적인 정보들은 인터넷에 넘쳐흐르고 있었지만, 농사를 지어야 할 때 정작 필요한 정보들, 예를 들어 품질 좋고 저렴한 농기구의 구매, 자신의 토양에 적합한 종자의 선택 등에 관한 정보들은 어떻게 얻을 수 있는지 알기 어려운 상황이었다.

 배런은 이런 상황을 두고 처음에는 구글에서의 경험을 십분 활용해 정보 조직화와 공유 네트워크의 수준에서 농부들의 불편함을 해소해보려는 시도로 FBN을 시작했다. 하지만 그 틈새에서 파생되는 가능성 보고서는 특유의 기업가정신으로 새로운 비즈니스의 기회로 만들어내고, 시장의 상황에 최적화해 혁신적 서비스를 연달아 출시하였다. 이러한 비즈니스 확장은 배런이 처음부터 계획했던 것은 아닐 것이다. 처음엔 단순한 아이디어 차원이지만 창업한 후 시장의 중심에 진입해보면 그전에 보지 못한 수많은 연관 기회가 보이게 되어 있다. 일종의 옆길 효과이다.

 FBN의 성과는 구글에서 오랫동안 일하면서 훈련된 배런의 기회 분석 및 포착 역량이 잘 발휘 되었기 때문에 가능했을 것이다. 시장은 살아있는 생명체처럼 시시각각 변한다. 이러한 환경변화에 얼마나 창조적으로 대응하느냐가 스케일업 여부를 좌우한다.

 최근 들어 우리 농업의 미래를 책임질 새로운 애그테크 스타트업이 속속 나타나고 있다는 사실은, 적어도 혁신을 멈추지 않으려는 도전이 계속되고 있다는 면에서 고무적인 일이다. 하지만 이것으로는 충분치 않다. 아직도 농업 부문에 산재한 불편함을 알아채고 해결하려는 새로운 '기회 포착자'를 기대해본다.

FBN

Where?	미국, 샌 카를로스
When?	2014년
What?	농업 기업 간 거래 및 정보공유 플랫폼 구축 운영
Who?	찰스 배런Charles Baron
Why?	농사에 필요한 실용적 데이터 부족 현상 해소 및 정보표준화를 통한 생산성 제고하기 위해
How?	농장들 간의 정보 공유를 위한 플랫폼 제공과 데이터 분석을 통한 운영정보 제공

오지언 로보틱스:
수확과 운반 전용 자율주행 로봇

오지언 로보틱스의 창업자 찰스 앤더슨은 약 230헥타르의 거대한 농장에서 어린 시절을 보냈다. 그는 유년기부터 드넓은 농장에서 사과, 블루베리, 그리고 옥수수를 재배하는 것을 지켜보며 농부들의 작업 과정과 환경을 보며 자랐다. 이후 그는 앰허스트대학교에서 지질학과 정치학을 전공하고, 하버드 비즈니스 스쿨에서 MBA를 공부하며 사업가로서의 역량을 길렀다.

학업을 마친 후, 앤더슨은 존디어의 경쟁사인 다국적 농업용 기계 제작회사, 케이스 뉴 홀란드의 북미 사업 총괄을 맡아 4년간 농업용 기계 제조, 유통과 판매까지 관리하며 전반적인 농산업 흐름을 읽는 안목을 키웠다. 그는 어린 시절부터의 경험을 바탕으로 '농장의 단순 노동을 자동화한 로봇을 만들어 생산성을 높이겠다'라는 목표를 세우고 관련된 전문가들을 만나러 다닌 끝에, 회사를 그만두고 2017년 농업 로봇 스타트업 오지언 로보틱스를 창업했다.

농장의 자율주행 카트 '뷰로'

앤더슨은 창업 초기 5명의 창립 멤버를 영입했는데, 이들은 로봇공학, 기계공학, 그리고 자율주행 분야에서의 경험을 보유한 인재들이었다. 당시 캘리포니아의 약 7만여 농가의 연간 평균 수입은 약 78만 8,000달러였으나 이 중 약 27% 정도가 인건비에 투입되고 있었고, 미국 농부의 평균 연령도 58세를 넘어서며 농촌 인구 고령화가 가속화되고 있었다. 이러한 현실을 고려했을 때, 이들의 눈에서는 인력을 대체하는 농업로봇을 개발이 절실해 보였다.

앤더슨과 팀원들은 농산물 수확 과정에서 농부들이 수확물과 장비를 들고 동일한 경로를 반복적으로 오가는 데에 많은 에너지와 시간을 소모한다는 점에 주목했다. 이에 오지언 로보틱스는 로봇 개발 과정에서 앤더슨의 농장에서 실험 주행을 통해 즉각적으로 부족한 부분을 보완하며 빠른 속도로 기술 수준을 향상시켰다.

2020년 5월, 지속적인 연구개발 끝에 오지언 로보틱스는 포도 농장을 타겟으로 한 자율주행 운반 로봇 뷰로Burro를 출시했다. 뷰로는 12개의 카메라와 22개의 센서를 탑재해 컴퓨터비전, AI를 활용해 농경지의 지형과 경로를 이해하고 자체적으로 설정한 경로를 주행할 수 있다. 농장주는 농부 10명당 뷰로 1대를 배정해 작업을 진행하면 매일 40% 더 많은 과일을 수확할 수 있었고, 한 달 만에 해당 뷰로 1대의 투자금을 회수할 만큼의 생산성을 확보할 수 있었다.

그렇다면 뷰로의 운반 능력은 과연 어느 정도 수준일까? 오지언 로보틱스에 따르면, 2륜 뷰로는 약 136kg의 포도를, 4륜 뷰로는 약 204kg의 포도를 운반할 수 있다고 한다. 또한 한 번의 충전으로 최대 24km의 거리를 시속 8km의 속도로 주행할 수 있다.

2021년 출시된 뷰로 뉴 버전 가격은 1만 6,999달러인데 구매 후 3년 동안 소프트웨어 서비스와 업데이트를 포함하여 제공하고 있다. 또한 오지언 로보틱스는 로봇 구매가 부담스러운 농가를 위해 연 6,999달러를 지불하면 기기를 대여해주는 구독 서비스도 제공하고 있다. 더불어 원가가 가장 높은 자율주행 센서에 투입되는 비용을 낮추어 저렴한 가격의 농업용 자율주행 카트 시장을 확대한다는 목표로 연구개발에 매진하고 있다.

한편 오지언 로보틱스는 2018년 10월에는 어그샤크 경진대회에서 우승하여 상금 25만 달러를 수상하였고, 〈로봇리포트〉에서 '2019 주목할 만한 스타트업'으로 선정되었다. 애그테크 전문 투자

리서치 회사 어그펀더에서 '미국에서 가장 혁신적인 프리 시리즈 A 스타트업'으로 지목되며 기술력을 인정받기도 했다. 또 2022년에는 세계 최대 규모의 농업 박람회인 국제농업박람회World Ag Expo에서 톱 10 제품에 뷰로가 선정되었다. 투자 유치 규모도 확대되어 2022년 현재 누적투자금액 1,270만 달러을 기록하고 있다.

단순 협업을 넘어 '만능 모듈 로봇'으로

오지언 로보틱스는 향후 행보와 비전이 더욱 기대되는 스타트업이다. 뷰로는 오픈소스 로봇 소프트웨어 플랫폼인 ROSRobot Operating System를 적극적으로 활용하고 있는데, ROS는 다양한 기업과 세계의 로봇 연구자들이 서로 협업하는 로봇 소프트웨어 플랫폼이다. 로봇 소프트웨어는 개발은 아직 난이도가 높고, 개발 과정 중 셀 수 없이 다양한 문제가 발생하기 때문에 이를 효율적이고 효과적으로 해결하기 위한 방편이 ROS인 셈이다.

지금까지 뷰로는 과일 운반 작업에만 운용되었지만, 오지언 로보틱스는 향후 뷰로에 다른 AI 모듈을 탑재해 작물의 자체 수확과 농업 데이터를 수집하는 기능을 추가할 계획이다. 농작물 데이터를 수집하고 제초제 분사와 가지치기 등의 기능까지 구현하는 올인원 농장 로봇으로 향상시키겠다는 오지언 로보틱스의 의지인 셈이다.

농산업의 로봇 시스템, 혁신의 열쇠는 확장성

농업 분야에서 로봇공학 기술은 농작업의 효율성을 높이고, 환경에 유해한 화학물질의 사용을 줄이는 방향으로 발전하고 있다. 앞으로 농산업에서의 로봇 시스템은 더욱 다양한 기술들로 통합되면서 이전보다 더욱 뛰어난 적응성을 보여줄 것으로 기대된다. 오지언 로보틱스의 자율주행 로봇도 지금은 뷰로가 기본적으로 메인 컨트롤러와 주요 센서 시스템들, 이를테면 고화질 카메라와 레이저 시스템과 같은 농업에 최적화된 어플리케이션들로 구성되어 있지만, 향후에는 더욱 기술력이 뛰어난 기술들이 통합되어 기존 하드웨어 아키텍처 내에서 구현될 것이다.

10년 후에는 들판의 농부들이 로봇으로 대체될 것이라 한다. 예전의 모심기와 밭갈이가 이앙기와 트랙터로 대체되었듯 최근 자율주행 트랙터나 수확로봇 그리고 드론 등의 기술발전 속도를 감안하면 과한 예측이 아닐 것이다. 우리나라 농업 로봇 산업은 아직 초기 수준이고 시장규모 또한 2022년 기준 2,700억 원 규모로 미미한 수준이다. 그러나 존디어, 애그정션 등이 주도하고 있는 조방농업 국가 기반의 대형 농업 로봇과 차별화된 아시아 국가의 농산업에 최적화된 농업 로봇 시장은 성장잠재력뿐 아니라 미래의 시장규모도 구미 선진국보다 더 커질 것으로 예측된다. 여기에 우리나라 기업들의 기술 응용 역량을 더한다면 농업로봇 시장은 향후 새로운 창업 기회의 보고가 될 것으로 기대된다.

오지언 로보틱스

Where?	미국, 펜실베이니아
When?	2017년
What?	농업용 자율주행 카트
Who?	찰스 앤더슨Charles Anderson
Why?	단순 노동을 로봇으로 대체하고 농업생산성을 높이기 위해
How?	고중량 운반과 수확 기능을 갖춘 모듈형 자율주행 로봇 개발

파츠:

해충을 분쇄하는 초소형 드론

농작물 재배 시 병해충은 큰 골칫거리이다. 건강한 토양일수록 해충이 많고, 이들은 번식력이 좋아 방제 시 비용이 많이 들 뿐만 아니라, 사용되는 화학물질이 토양과 환경을 오염시킨다. 네덜란드의 농업기술혁신기업 파츠는 드론을 이용해 해충을 물리적으로 제거해 농가의 골칫거리를 해결하고자 하는 기업이다.

네덜란드의 델프트공과대학교은 미국의 MIT에 버금가는 유럽 최고의 공과대학교 중 하나이다. 2016년 말, 델프트 드론연구소 MAVlab에서 근무하던 조드 티즈몬스와 케빈 반 헤크는 곤충 탐지 시스템을 연구하며 드론과 AI를 활용한 특허를 출원했다. 얼마 지나지 않아 두 사람은 자신들의 특허를 사업화하기로 하고 여러 아이디어를 구체화하기 시작했다. 처음에는 침실의 모기를 잡는 드론을 개발하려다가 네덜란드 전역에서 쉽게 볼 수 있는 유리온실을 보고 해충 퇴치용 농장 드론쪽으로 방향을 선회했다. 수요와 매출 규모가 클 것으로 판단한 것이다. 그러던 중 한 실내 원예 업체가 긍정적인 반응을 보였다. 조드와 케빈은 시제품 시험 운용에 대한 계획을 비롯한 다양한 정보를 적극적으로 공유했고, 해충방제 기술이 필요했던 업체들도 적극적인 관심을 보이기 시작했다.

파츠 창업 당시, 네덜란드 온실 농가에서는 나방, 그중에서도 황금색반점나방Golden twin-spot moth이 악명을 떨치는 동시에 유럽 전체적으로는 유해 농약 사용에 대한 환경 규제가 강화되고 있었다. 농부들은 규제를 피할 수 있으면서도 지속가능한 대안을 찾아야 했다. 이런 환경적 여건은 파츠의 솔루션 확산에 커다란 도움이 되었다.

본격적인 사업에 앞서 조드의 형제이자 에라스무스대학교에서 정보경영학을 전공한 브람 티즈몬스도 합류했다. 2017년 브람이 합류한 뒤, 이들은 한 농장에서 다시 1년의 테스트 기간을 거치고 2018년, 델프트공대 연구소의 지원을 받아 3인 체제로 회사를 공동 창업했다. 파츠라는 회사명은 날벌레 잘 잡는다는 이미지를 어필하기 위해 손뼉을 쳤을 때 나는 의성어에서 따왔다.

파츠의 드론은 날벌레 중에서도 특히 나방의 천적인 박쥐에서 영감을 받았다. 박쥐는 초음파를 발산하고, 지형지물이나 벌레에 반사되어 돌아오는 초음파를 분석해 먹잇감을 찾아낸다. 파츠는 이에 착안하여 유리온실 내 나방을 포착하는 기술을 개발했다.

기존의 해충방제 원리는 대부분 유충을 제거하는 방식이었다. 파츠는 수백 마리의 유충을 잡기보다는 알을 낳는 암컷 나방을 먼저 잡는 게 훨씬 효율적이라고 판단했다. 그리고 10헥타르 규모의 대형 온실에 오직 8대의 드론만으로 효과적인 방제 효과를 구현했다. 파츠는 10헥타르 규모의 온실에 연간 1만 유로의 구독료를 내면 드론 운영과 관리까지 모두 대신해준다.

한편 프로펠러로 나방과 직접 충돌하는 방식은 드론의 유지관리 문제를 가져올 것이 자명했다. 이에 파츠는 유지비용을 최소화하기 위해 드론을 최소한의 통신장비와 배터리, 플라스틱 소재만을 사용해 제작했다. 이를 통해 대당 1,000원 수준의 원가로 드론을 제작해 수익을 극대화할 수 있는 비즈니스모델을 구축했다.

파츠는 없던 것을 새롭게 창조해내지 않았다. 오히려 있던 기술을 효과적으로 결합하고 적재적소에 활용한 창업사례라고 할 수 있다. 파츠의 사례를 따라 세계적으로 농작물 피해를 주고 있는 멧돼지 퇴치 드론 시스템, 유해조류용 허수아비 등을 상상해볼 수 있다.

파츠와 같이 AI와 드론이라는 첨단 산업 기술을 응용하여 해충 박멸이나 농수산물 생산에 도움을 주는 스마트팜의 사례는 최근 들어 더욱 각광 받고 있다. 네덜란드 스타트업 테크네이처는 AI 카메라로 장미꽃의 모양, 색, 각도, 성장도 등 8가지 항목을 분석하여, 시드는 시기가 비슷한 꽃끼리 선별적으로 포장하는 자동화 기술을 개발했다. 이로써 꽃다발을 선물 받는 소비자들이 굳이 시든 꽃을 찾아내 관리해야 하는 불편함을 덜 수 있게 되었다.

또 중국 광저우에 있는 드론 제조사인 XAG는 독일 농약 회사인 바이엘 크롭사이언스Bayer CropScience와 제휴하여 자율주행 기반의 농약 살포 드론을 개발했다. 농작물 중에서도 특히 옥수수는 나방에 매우 취약한데, XAG는 밭에 기지국을 설치해 나방과 그 유충의 위치를 레이더로 파악한 뒤 필요한 양만큼의 살충제를 균일하게 살포하는 방법을 고안했다. XAG는 나방에 의한 농작물 피해액이 최대 46억 달러에 달하는 것으로 추정했는데, 자동 분사형 농약 드론 살포기로 높은 경제적 효과뿐만 아니라 최소한의 농약 사용으로 친환경적인 농업 비즈니스가 가능함을 기대하는 중이다.

또 미국 캘리포니아에 위치한 에어리틱스Airlitix는 온실 전용 드론을 개발해, 하우스 안 장애물을 감지하고 회피하는 호버링 기능을 최적화했다. 이를 통해 농작물 접촉을 최소화하면서도 건강상태와 성장 속도, 해충 위치를 실시간으로 모니터링해 최적의 온실 환경 솔루션을 구현하는 데 도움을 주고 있다.

폴라리스 마켓 리서치에 따르면 글로벌 농업용 드론 시장규모는 2021년에 12.6억 달러에서 2030년까지 연평균 29.1%의 성장률을 보여 2030년에는 농업용 드론 시장규모가 104.6억 달러에 이를 것으로 전망하고 있다. 현재 북미와 유럽이 가장 큰 시장을 형성하고 있지만, 2030년에는 아시아의 시장이 북미를 뒤이어 두 번째로 큰 시장이 될 것이라 예측하고도 있다.

농업용 드론 시장에서 에어로바이런먼트, DJI, 드론디플로이, 고프로, 프리시즌호크 및 트림블 내비게이토 등 선도기업들을 필두로 농업 스타트업과의 전략적 기술 제휴가 활성화되며 AI 기반의 농업용 드론 기술은 더욱 발전될 것으로 기대된다.

파츠

Where?	네덜란드, 델프트
When?	2018년
What?	실내용 해충방제 드론 솔루션
Who?	조드 티즈몬스Charles Anderson, 브람 티즈몬스Bram Tijmons, 케빈 반 헤크Kevin Van Hecke
Why?	온실 농업에 피해를 주는 해충을 제거하기 위해
How?	광학 측정 기술, AI, 초소형 드론을 연계한 물리적 방제

임파서블 푸드:
지속가능한 식량, 대체육

임파서블 푸드는 비욘드 미트와 함께 세계 대체육 시장의 양대산맥으로 불린다. 이들은 세계 주요국 시장에 진출해 있고, 버거킹, 서브웨이, 던킨 등 초국적 식품업체에 대체육을 공급하고 있다.

임파서블 푸드의 창업가 패트릭 브라운은 하워드휴스 의학연구소의 초기 투자자이자 스탠퍼드대학교에서 생화학을 가르치던 교수이다. 유전자의 발현과 염기서열을 연구하는 분야인 DNA 마이크로어레이를 다루던 패트릭은 오래된 채식주의자이기도 하다. 그는 평소에 기후변화 문제에 관심이 많았고, 2009년 교수 안식년을 활용하여 동물 밀집 사육에서 파생되는 환경파괴 해결책을 연구하던 중 창업을 결심한다.

패트릭은 셰프나 식품전문가들과 함께 창업을 시작하지 않았다. 그는 완벽한 대체육을 만들기 위해 과학자들과 창업했다. 그렇게 생화학자, 영양학자, 분자 화학자, 생물학 고분자 전문가 등 다양한 인재로 팀을 구성하고서 2011년 7월, 임파서블 푸드를 창업했다. 이후 2017년까지 6년 동안의 식품 연구를 통해 분자 수준의 과학적 연구, 즉 고기를 '엔지니어링'하며 동물성 육류의 맛과 질감을 내는 핵심 성분을 발견했다.

고기 맛을 내는 붉은 성분, '헴'

임파서블 푸드 연구진이 발견한 '고기를 모방할 수 있는' 핵심 성분은 동물성 육류 속의 헴이라는 분자다. 헴은 헤모글로빈을 붉게 만드는 색소 성분이다. 동물들의 혈액이 붉은 이유도 헴 때문이다. 헴은 신체 곳곳으로 산소와 에너지를 전달하는 성분이기도 하다. 연구진은 고기를 구웠을 때 지글거리는 소리, 시각적으로도 고기 같은 검붉은 외형, 익은 고기 특유의 풍미까지 모든 동물성 육류의 특징이 헴에서 기인한다는 점을 발견했다.

연구진은 여기에 더해 헴이 식물에도 존재함을 발견하고, 콩과 식물에서 뿌리혹 헤모글로빈Soy Leghemoglobin 분자를 추출하는 데 성공하기도 했다. 그러나 식물에서 1kg의 뿌리혹 헤모글로빈을 추출하기 위해서는, 0.4헥타르 규모의 콩 재배가 필요하다는 문제가 있었다. 이 문제를 해결하기 위해 발효 배양 방식을 연구하기 시작했다. 뿌리혹 헤모글로빈을 추출하여 유전적으로 조작된 효모로 발효시키니 효모가 대량으로 증식하면서 헴도 함께 생산되어 문제를 해결할 수 있었다.

그러나 얼마 지나지 않아 두 번째 난관에 부딪혔다. 바로 헴 성분을 색소 첨가물로 정식 등록 하는 과정에서 뿌리혹 헤모글로빈 성분을 날것으로 먹었을 때 알레르기 반응이 나타날 수 있다는 가능성이 제기된 것이다. 그래서 미국식품의약국FDA 측에서 대체육 안전성을 검토하는 데에만 몇 년이 걸려 창업 후 3년이 지나서야 식당에서 고온 조리된 식품 형태로만 판매 가능하다는 허가를 받을 수 있었다.

일상으로 다가온 지속가능한 대체육, 임파서블 버거

2016년, 임파서블 푸드의 첫번째 제품 임파서블 버거가 출시되었다. 앞서 언급한 FDA의 제한적 판매 허가 때문에 임파서블 푸드는 미국내 버거 체인점과 제휴해 패티를 공급하는 방식을 선택했다. 임파서블 푸드는 베어버거, 우마미, 홉다디 등 주요 햄버거 체인점에 단계적으로 진출하며 유통망을 확장했다. 또한 2018년에는 할랄 푸드로 인정받아 종교적 신념으로 동물성 육류를 먹지 않는 소비자들도 대체육 버거를 접할 수 있게 되었고, 2018년 7월까지 임파서블 버거는 미국과 홍콩의 3,000개 매장에 입점하기도 했다.

임파서블 소시지 샌드위치는 전 세계 스타벅스 1만 5,000개 매장에서 판매되고, 버거킹은 2019년 3월 임파서블 와퍼 메뉴를 출시하기도 했다. 임파서블 버거는 일반 버거 대비 영양학적으로 고단백질, 저지방, 저콜레스테롤, 저칼로리라는 장점이 있다.

임파서블 푸드의 패티는 좀 더 시간이 경과한 후 2019년 9월부터 FDA측의 식료품 판매허가를 받을 수 있었다. 2020년 6월에는 미국의 트레이더 조와 월마트 등의 유통망을 확보해 일반 소비자들도 쉽게 대체육 패티를 구입할 수 있게 되었다. 대체육은 고기를 먹고 싶지만 환경도 보호하고 싶은 소비자들에게 입소문이 퍼지고 있다.

임파서블 푸드의 대체육 생산방식은 기존 육류 생산방식보다 환경오염이 현저하게 적은, 지속가능한 친환경 방식이다. 동일한 양의 패티를 얻기 위해 식물성 대체육은 동물 사육과 비교했을 때 96%의 경작지와 87%의 물을 절약할 수 있고, 온실가스 배출량도 동물 사육대비 89% 절감할 수 있다.

2020년, 임파서블 푸드는 패티에 이어 일반 소비자용 소시지, 요리용 대체육까지 라인업을 확장했다. 임파서블 소시지는 출시 후 6개월 만에 미국 2만 2,000여 곳의 레스토랑에서 판매되고 있고, 요리용 고기는 미국 전역의 음식점은 물론 최고의 레스토랑 30곳에서도 판매 중이다.

이듬해인 2021년에 임파서블 푸드는 자체 레스토랑 브랜드 더 임파서블 샵도 오픈했다. 이 레스토랑은 임파서블 푸드의 제품으로 만든 버거, 치킨 너겟, 부리토 등 다양한 음식과 신제품을 판매한다. 미국 내 8개 주에 걸쳐 40개의 지점을 오픈했고, 대체육 배달 서비스 위주로 소비자와 만나고 있다. 임파서블은 이제 직접 판매도 병행함으로써 시장에서 자신감을 나타내고 있다. 이러한 성과에 힘입어 2022년, 임파서블 푸드는 CNBC의 '파괴적 혁신기업 50'에 선정되기도 하며 국제적인 관심을 크게 불러일으켰다.

임파서블 푸드는 창업 후 2022년 10월까지 총 12번의 펀딩을 통해 총 19억 달러 규모의 투자를 받았다. 2021년 11월에는 한국의 미래에셋자산운용이 리드 투자자로 참여한 투자에서 5억 달러를 확보했는데, 당시 이 회사의 기업가치는 약 70억 달러로 평가됐다.

임파서블 푸드의 목표는 2035년까지 동물성 육류 식품을 100% 식물성 대체육으로 대체하는 것이다. 이제는 하나의 소비트렌드로 자리 잡은 '고기를 사랑하지만 건강과 환경, 동물도 생각하는' 윤리적 소비의식이 미래의 대체육 시장을 이끌어갈 것으로 기대된다.

임파서블 푸드

Where?	미국, 샌프란시스코
When?	2011년
What?	식물성 대체육
Who?	패트릭 브라운Patrick Brown
Why?	새로운 식량자원의 발굴과 급증하는 육류 수요에 대응하기 위해
How?	헴 분자를 발효 배양한 식물성 대체육 생산

farm
business

플랜티:
올곧게 뻗어가는 도시형 농장

동네 마트에 가면 칠레나 필리핀 같이 먼 나라에서 수입된 과일과 야채를 쉽게 만날 수 있다. 그런데 그 먼 거리에서 온 과일들이 신기하게도 어디 하나 상한 곳 없이 신선하고 먹음직스러워 보일 수 있는, 신선도를 유지하는 비결이 무엇일까? 혹자는 인체에 유해한 방부제를 써서 그런 게 아닐까 생각하기도 할 것이다.

아무래도 나와 내 가족이 먹는 농산물이니까, 먼 곳보다는 가까운 곳에서 생산된 쪽이 조금이라도 믿음직스러운 게 사실이다. 언제 어디서든 소비자가 안심하고 먹을 수 있는 농산물, '당신이 먹는 게 곧 당신You're what you eat'이라는 말이 있는 것처럼, 누구든지

나의 몸과 마음의 영양분이 될 음식을 가볍게 생각하지는 않는다. 여기 한 기업도 같은 생각에서 출발해 더 나은 답을 위해 끊임없이 질문하는 중이다. 바로 플랜티가 그렇다.

그 시절의 오렌지 나무를 찾아서

플랜티의 공동 창업자 중 한 명인 잭 오슬란은 어린 시절 남부 캘리포니아에 있는 오렌지 카운티에 살았는데, 그의 집 마당은 오렌지 나무로 꽉 차 있어서 오렌지가 먹고 싶을 때면 언제든지 따 먹을 수 있었다. 하지만 그는 도시로 이사 가며 더는 그 맛을 볼 수 없게 되었다. 그는 도시의 마트에서 오렌지를 사 먹곤 하였는데, 예전에 집 마당에서 따먹던 오렌지 맛에 한참 못 미쳤다. 잭 오슬란은 아무래도 도시의 식품들은 매우 먼 거리에서 생산된 것이 많을 테고, 이동 과정에서 수확했을 때의 신선도가 많이 떨어져 본연의 맛이 사라졌을 것이라 판단했다.

'어렸을 때 마당에 심겨 있던 오렌지 나무처럼, 도시와 가까운 곳에 농장이 있다면 신선한 과일을 먹을 수 있지 않을까?' 잭은 이 작고 단순한 아이디어를 구현해 도시 농장 플랜티를 만들었다. 생산지와 소비지가 가까워질수록 신선도와 운송비 문제는 자연스럽게 해결되지만, 이는 너무나도 당연해서 아무도 관심을 기울이지 않앉던 점이기도 했다. 하지만 잭은 이 현상을 낯설게 바라보며 실내 수직농장을 운영하기로 결심한다.

위로 뻗어가는 농장?!

처음에 오슬란은 사람들이 거주하는 도시 근처에 세운 농장에서 농작물을 얻으려 했지만, 이런 방식으로는 도시 농장을 지속적으로 운영하기 어려웠다. 우선 도시 주변 땅값이 기존의 농지와 비교했을 때 터무니없이 비쌌고, 농작물이 자라는 데 필요한 자원 또한 부족했기 때문이다. 고심 끝의 결론이 바로 수경재배 방식과 농장의 형태를 수직적으로 결합한 형태의 농장을 새롭게 구성하는 것이었다. 이 방식은 매우 좁은 땅 위에서도 벽과 기둥까지 활용해 농작물을 재배할 수 있어 적은 면적으로도 높은 효율성을 기대할 수 있었다. 또한 토지와 태양광 없이도 가장 적절한 조건의 자연환경을 LED 조명 센서, 온도 및 습도 조절 센서 등을 통해 농작물에 제공할 수 있었다.

플랜티는 여기서 그치지 않고 약 6m 높이의 벽기둥에 식물을 심어 더 높은 효율을 추구했다. 이 방법으로 건물 내부의 벽면과 기둥에서 수직적으로 작물 재배가 가능해져 케일이나 상추 등을 대량생산할 수 있게 되었다. 이른바 버티컬 파밍vertical farming이라 불리는 이 재배 방식은 다른 실내 수직농업회사들의 그것과는 달랐다. 플랜티는 수평 선반을 사용하지 않고 재활용 플라스틱병으로 만든 기둥 위에서 작물이 자라도록 했다. 조도의 문제는 LED 조명으로 해결했다. 햇빛과 유사한 LED 조명을 수직으로 설치해서 식물이 햇빛과 거의 같은 양의 빛을 받을 수 있도록 한 것이다. 또 농장 전체에 걸쳐 적외선 카메라와 센서를 설치해 온도, 습도, 식물의 성장 정도를 지속적으로 측정할 수 있도록 했다. 이렇게 측정된 데이터는 농업 전문가와 AI 전문가에게 실시간 보내지고 분석돼 농장 시스템을 효율적으로 운영할 수 있도록 도와주며, 최종적으로는 소비자에게 좀 더 신선한 작물이 제공될 수 있게 한다.

플랜티의 실내농업기술은 기존의 전통 농업과 비교해 엄청난 성과를 내고 있다. 같은 면적의 농지에서 350배 이상 많은 생산량을 출하하고, 물 소비량 또한 99% 이상 절감한다. 또 농작물이 통제된 환경에서 안전하게 자라 살충제와 유전자 변형의 걱정도 없다. 작업이 대부분 자동화되면서 노동력의 효율화 또한 이루어졌다.

500여 도시 속 플랜티

플랜티는 2016년 투자자들로부터 2,600만 달러의 투자자금을 유치했는데, 이는 당시 기준으로는 실내농업 부분에서 이루어진 최초의 대형 투자였다. 플랜티는 공격적인 투자금을 바탕으로 2017년 6월에 스마트농업 벤처 브라이트 애그로테크를 인수하며 사업 규모를 확대하고 성장의 발판을 마련했다. 브라이트 애그로테크는 소규모 농가를 대상으로 실내 농작물 성장 시스템을 구축하는 데 주력하던 실내농업용 설비 회사였다. 플랜티는 자신들에게 부족한 산업용 하드웨어 노하우를 브라이트 애그로테크를 통해 확보함으로써 결과적으로 보다 큰 확장의 기반을 다질 수 있었다.

오늘날 지구는 급속한 인구증가와 도시화로 인한 농지 축소 등으로 농업생산량은 감소하고, 지가상승으로 인해 농업생산성은 점점 낮아지고 있다. 플랜티는 인류가 당면한 현안과제를 혁신적인 농업기술로 해결하려 노력하고 있다. 즉 땅값을 신경 쓰지 않아도 되고, 면적당 생산효율을 높여주는 기술을 개발해낸 것이다. 그 결과, 2017년 7월에는 소프트뱅크를 비롯한 대기업들로부터 무려 2억 달러(2,440억 원)에 이르는 투자를 받기도 했다.

플랜티는 2018년 8월에 세계 최초의 로봇 햄버거 가게인 크리에이터와 협업하여 도심에서 생산된 농작물을 재료로 공급해 많은 관심을 받기도 하는 등 비즈니스의 혁신 임팩트를 보다 더 넓혀갔다. 2019년 8월에는 코드네임 티크리스라는 새로운 실내농장 프로젝트를 발표했다. 이 프로젝트의 목표는 최고 품질의 농작물을 생산하고, 도시민 누구라도 이 농작물에 가장 쉽게 접근할 수 있게 하는 것이었다. 새로운 농장인 티크리스는 기존의 농사 대비, 5%

이하의 물과 1% 이하의 토지를 사용하여 작물을 재배한다. 또 모든 환경을 제어하여 다양한 특산물을 키울 수 있고, 이로 하여금 소비자들이 식품 안전의 걱정 없이 사시사철 신선한 농작물을 먹을 수 있을 것으로 기대된다.

플랜티의 목표는 '인구 100만 명이 넘는 전 세계 500개의 도시'에 실내 농장을 설치하는 것이라고 한다. 기존의 전통적인 농사 기법으로 농업 분야에 투자한 사람들은 투자 시점으로부터 한 20~40년은 지나야 투자금 회수를 기대할 수 있다는 게 일반적 통념인데, 플랜티는 그 기간을 훨씬 단축할 수 있을 것으로 전망한다. 이러한 시장의 평가와 인도어팜의 기술력을 인정받고 있다는 시장의 신호는 다양하게 발견되고 있다. 2022년 1월 애그테크 회사로는 손에 꼽을 만큼 큰 금액인 4억 달러의 시리즈 E 펀딩을 성공적으로 유치하며 선발자의 지위를 공고히하고, 손정의 회장을 비롯하여 빌 게이츠, 에릭 슈미트, 제프 베조스 등이 투자한 스타트업으로 주목받는 중이다.

낯설게 바라보기로 실현된 기업가정신과 혁신

플랜티의 오슬란은 기업가정신과 혁신의 좋은 사례를 보여주고 있는 기업가이다. 마당에 있던 신선한 오렌지에 대한 추억이 지역

사회의 신선한 농산물의 고민으로 이어졌고, 이를 바탕으로 기존과는 다른 파급력을 지닌 새로운 비즈니스 경쟁력을 만들어냈다. 잭이 당연해 보이는 사소한 질문을 낯설게 바라보지 않았더라면, 비즈니스 역량으로 연결해 그 파급력을 배가하기 어려웠을 것이다. 앞마당의 나무에서 갓 딴 오렌지의 신선함을 누구라도 저렴한 비용에 접근할 수 없을까 하는 질문의 답을 자신만의 방식으로 찾아낸 집념과 고민이 있지 않았다면, 플랜티는 시작되지 못했을 것이다. 잭은 일상의 익숙함에 적응하는 데 그치지 않고 낯설게 바라봄으로써, 즉 종래와 다른 새로운 방법과 새로운 시각으로 창조적 반응을 보였다고 볼 수 있다.

플랜티

Where?	미국, 캘리포니아 / 샌프란시스코, 워싱턴 / 시애틀
When?	2014년
What?	수직농업기술을 개발하여 푸드 마일리지를 줄이고, 자동화 사업을 통해 생산 비용을 절감하는 실내농업
Who?	잭 오슬란Jack Oslan, 맷 바나드Matt Barnard, 네이트 메전슨Nate Mazonson, 네이트 스토레이Nate Storey
Why?	부족한 농지와 자원의 문제를 해결하고, 신선하고 깨끗한 농산물을 빠르게 소비자에게 제공하기 위해
How?	실내 수직농장과 수직 벽, 수직 기둥을 이용, 자동화 기술을 활용하여 노동력, 비용 절감

인섹트:
모두가 먹을 수 있는 단백질 식품을 향해

인섹트의 창업가인 앙트완 위베흐는 베이스 기타와 프랑스 전통 악기 연주를 매우 좋아하던 청년이었다. 음악에 대한 열정만큼 학구열도 높았던 위베흐는 프랑스의 환경과학 분야에서 최고 권위를 인정받는 프랑스 정부 지정 엘리트 교육기관, 그랑제꼴의 아그로 파리 테크Agro Paris Tech에서 환경생태학과 진화학을 공부했다.

학업을 마친 후, 그는 도시농업과 식량 분야를 연구하는 어소시에이션 보가믹, 알트란 리서치에서 연구원으로 근무하며 기후변화에 따른 농산물 가격 변동과 이로 인한 사료 가격이 폭등하는 현실을 알게 되었다. 평소 환경문제에 관심이 많았던 위베흐는 환경에 최대한 영향을 적게 주면서도 영양소가 풍부한 대체 식량과 사료를 생산하겠다는 목표를 세우고, 2011년 곤충 스타트업 인섹트를 창업했다.

수직형 곤충 양식 자동화 시설, 팜 힐

인섹트가 생육하는 곤충은 갈색거저리라는 딱정벌레의 유충으로, 영어로는 밀웜이라 불린다. 인섹트는 수많은 실험과 연구를 통해 최적의 곤충으로 밀웜을 선택했다고 말하지만, 식량meal과 곤충Worm의 합성어로 구성된 단어의 뜻에서 유추할 수 있듯이 밀웜은 오래전부터 식용곤충으로 주목받아 왔다. 2022년 말 프랑스, 네덜란드, 미국 등 4곳에 고도로 자동화된 수직농장에서 거저리를 기르고 있다.

그렇다면 인섹트만의 품질 균일화와 대량생산을 동시에 가능하게 한 비법이 과연 무엇일까? 정답은 바로 로봇 도입을 통한 완전자동화 사육 기술이다. 그중에서도 밀웜을 담은 박스를 쌓아 올린 수직 사육장 팜 힐Farm Hill은 공간 활용성을 높이고 최적의 밀웜 성장 사이클을 찾아 생산성을 극대화한 인섹트만의 특허기술이다. 인섹트는 전체 생육공정을 로봇과 센서, 그리고 AI 기술을 활용하여 100% 자동화했다. 유충들에 대한 먹이 공급뿐 아니라 생태 관리, 성충 수확까지 사람의 손이 전혀 닿지 않는다. 2022년 말 기준 360명의 임직원 대부분은 연구직과 소프트웨어 개발직, 판매직 등이며 생산직은 거의 없다. 이런 기술력에 힘입어 인섹트는 곤충 단백질 생산 분야의 세계 선도기업이 되었다.

생산과정을 단계별로 나눠보면, 먼저 팜 힐에 내장된 센서로 밀웜에게 맞는 최적의 환경을 조성한 뒤 약 70일 동안 성장시킨다. 이후 선별 작업을 거쳐 95% 정도의 잘 자란 밀웜은 단백질 원료로 사용되고 5%는 이후의 번식을 위해 남겨진다. 상품화를 위해 분류된 95%의 밀웜은 화학물질을 사용하지 않고 급속 살균 과정을 거쳐, 이후 원심분리기로 식용 기름과 단백질, 키토산을 추출한다. 자동화된 공정으로 대량생산된 곤충은 주로 수산업, 양식업용 사료와 반려동물 사료, 기타 동물성 유기농 비료로 사용된다.

글로벌 생산체계 구현과 곤충 육종까지

일반적인 가정의 반려동물은 대부분 주인이 제공하는 사료를 통해 영양분을 섭취하지만, 원래 야생의 개과, 고양이과 동물들은 곤충으로 단백질을 섭취한다고 한다. 동물에게 필요한 단백질이 곤충으로부터 나온다는 점에 착안한 인섹트는, 2016년 반려동물용 사료 인밀ŸnMeal을 출시하며 사업의 첫발을 내디뎠다.

인섹트의 사료는 실제 곤충으로부터 추출한 자연 성분이기에 일반 사료보다 소화가 잘된다는 장점이 있고, 무엇보다도 제조과정에서 화학약품 사용을 줄이고 폐기물 생성 제로를 달성하는 데에도 성공했다. 여기에 더해 자동화 수직농장 덕분에 일반적인 농장에 비해 토지를 98% 가량 적게 사용한다는 장점도 있다. 또 인섹트 고객들의 후기에 따르면 인섹트 사료의 고단백 성분 덕분에 어류 양식장의 송어는 생산량이 34% 증가했고, 새우는 사망률이 40% 감소했으며, 농업 분야에서도 유채씨의 수확량이 25%나 증가하는 효과가 있는 것으로 나타났다고 한다.

앞서 소개했듯이 인섹트는 로봇 기술이 접목된 세계 최대의 곤충 농장을 운영하고 있다. AI와 각종 센서, 로봇 기술을 융합해 밀웜 양식의 전체 과정을 자동화한 것이다. 이를 바탕으로 기술의 혁신성과 가치를 인정받은 인섹트는 다른 곤충 식품 생산업체보다 빠른 속도로 성장할 수 있었고 지금까지 총 4억 5,000만 달러의 투자자금을 확보했다. 2020년 10월에는 영화 '아이언맨'의 주인공 로버트 다우니 주니어가 창립한 투자회사 풋프린트 코알리션으로부터 시리즈 C 펀딩에서 3억 7,200억 달러를 투자받으며 주목을 끌기도 했다.

2020년 기준 인섹트가 확보한 누적투자금은 세계 곤충 단백질 산업 부문에 투자된 금액의 총 합계액보다 많다. 인섹트는 이 거대한 투자금을 활용하여 2022년 프랑스 아미앵 지역에 높이가 36m

인 세계 최대 밀웜 농장인 잉사이트Ynsite를 준공하고 2022년 말 현재 시운전 중이며, 이 아미앵 공장에서만 연간 10만 톤의 밀웜을 생산할 계획이다. 아미앵 공장 준공 후 인섹트는 프랑스를 넘어 북미, 그리고 아시아 지역까지 진출할 예정이며, 2022년 미국 최대의 거저리 생산업체 중 하나인 조드 프로듀서를 인수하며 미국 반려동물 사료 시장에서 입지를 확대하고 있다.

또한 인섹트는 2021년 곤충의 대량 사육에 적용되는 산업용 게놈 선택 프로그램인 잉파브리Ynfabre 출시를 발표했다. 이 새로운 접근법을 통해 인섹트 R&D팀은 기존보다 25% 더 빨리 성장하는 외미거저리Buffalo worm의 변종을 찾아내는 데 성공함으로써 농장의 생산성과 효율성을 한층 증가시켰다. 인섹트의 R&D 디렉터는 이 발견을 두고 이렇게 말한다. "이 딱정벌레에 대한 연구는 이제 막 시작되었다. 우리는 앞으로 몇 달, 몇 년 동안 새로운 영양 특성을 발견할 것이라 확신하고 있다." 이러한 프로젝트를 통해 인섹트는 곤충의 대량 자동 생산뿐 아니라 품종에서의 우위를 점함으로써 곤충 단백질 분야의 선도기업이 될 것으로 보인다.

사람이 먹을 수 있는 고단백 대체식품을 향해

2020년 인섹트는 세계에서 가장 유명한 곤충 식품 기업 10개사의 기술특허 중 40% 가량인 350개의 특허를 보유하고 있으며, 동물과 식물을 위한 성분을 넘어 인간이 안심하고 먹을 수 있는 곤충 식품을 개발해 폭증하는 단백질 수요를 만족시키려는 목표를 갖고 있다. 그리고 2021년 1월에는 유럽식품안전청EFSA, European Food Safety Authority으로부터 인섹트가 고대하던, 밀웜 식품을 사람이 섭취하는 것이 안전하다는 평가를 받았다. 이 안정성 승인은 곧 EU 차원의 식품 법규에 반영되어 인섹트의 유럽 진출과 함께 세계 진출의 시작점이 될 것으로 보인다. 앞으로 다가오는 단백질 위기를 해결할 수 있는 대체식품의 다양한 대안 중 어떤 방식이, 그리고 어떤 스타트업이 대중들의 선택을 받을 수 있을지 궁금해지는 대목이다.

유명 시장조사 기관 메티큘러스 리서치는 2022년부터 식용곤충 시장이 연평균 28.3%의 성장률을 기록하며 2030년까지 96억 달러의 시장으로 성장할 것으로 예측된다. 또한 규모 역시 연평균 31.1%의 성장률로 2030년까지 310만 톤의 규모에 이를 것으로 예상된다. 식용곤충에는 풍부한 양의 단백질이 포함되어 있을 뿐만 아니라, 기존 단백질 원천인 가축에 비해 친환경적이고 자원 효율이 높은 대체식품이어서 다양한 분야의 수요처 확대도 예상된다. 또한 세계자원연구소는 2050년까지 단백질 공급과 수요 사이에 60%의 격차가 있을 것으로 예측하며 필수 단백질 결핍으로 인한 단백질 위기가 올 수 있다고 경고하고 있다. 이럴수록 초소형 가축으로 불리며 새로운 단백질 공급원으로 자리 잡는 식용곤충이 저력을 발휘할 것으로 기대된다.

인섹트

Where?	프랑스, 아미앵
When?	2011년
What?	밀웜의 대량생산 및 고단백&고지방 사료 제조
Who?	앙트완 위베흐Antoine Hubert
Why?	친환경 생산방식을 통해 급증하는 단백질 수요를 충족하기 위해
How?	수직 밀웜 농장에서 곤충을 자동 배양, 분류 및 가공

인스타카트:
식료품 구매 대행의 새로운 방식

캐나다 워털루대학교에서 전자공학을 전공하고 퀄컴과 아마존에서 일했던 청년 엔지니어, 아푸바 메타는 다른 직장인과 마찬가지로 자신의 경력을 살려 더 큰 곳에서의 비전을 꿈꾸던 사람이었다. 그가 생각했던 꿈과 비전은 글로벌기업에서 이루어질 꿈이 아니라는 것을 잘 알고 있었기에 '내 사업을 하고 싶다'라는 생각을 품고 창업의 기회를 엿보고 있었다. 아마존에서 물류 담당 IT 엔지니어로 일하고 있었던 아푸바는 상품 배송 시스템 개발을 하며 자신의 비전이 명확해지자 입사 2년 만에 퇴사를 결심한다.

의욕 넘치는 그의 머릿속에는 많은 아이디어가 있었고, 그중

20개가 넘는 아이디어를 사업 아이템으로 구체화하였으나 현실은 그리 만만하지 않았다. 그러던 중 오래전 기억이 그의 머릿속을 스쳐 지나갔다. 바로 그가 캐나다로 이민 올 때의 기억이었다. 가족들과 함께 인도에서 캐나다로 이민 온 후, 그를 괴롭혔던 것들 중 하나는 바로 캐나다의 매서운 혹한이었다. 추운 겨울에도 식재료를 사기 위해서는 버스를 타고 식료품점까지 먼 거리를 이동해야 했고, 돌아오는 길에는 무거운 짐을 들고 혹한이 몰아치는 야외에서 버스를 기다려야만 했다. 이런 불편하고 힘들었던 기억에 착안하여 그는 새로운 해결방법을 고안해냈는데, 그것이 바로 창업 한 지 10년 만에 기업가치 390억 달러로 평가받고 있는 인스타카트의 비즈니스모델이다.

창업자의 집요한 혁신의지

아푸바는 아이디어를 발전시켜가면서 차량 공유경제 플랫폼 우버의 성공에 주목하며 집중적으로 벤치마킹했다. 또한 아푸바는 유사 비즈니스모델이지만 실패한 기업 웹밴의 사례를 철저히 연구했다. 웹밴은 거대 식료품 배달 사업을 구축하려 했지만, 8억 달러 이상의 손해를 보고 파산한 기업이었다. 아푸바는 웹밴과 같은 길을 답습하고 싶지 않았다. 그래서 웹밴과는 달리 거대한 냉장보관용 밴과 대형 물류창고 등 고정비용 투자가 필요 없는 비즈니스모델을 만들기로 결심했다. 그렇게 2년간의 준비과정을 거쳐 26살의 인도계 청년 아푸바 메타는 2012년에 인스타카트를 창업한다.

인스타카트의 비즈니스모델은 단순하다. 바쁜 맞벌이 부부나 1인 가구 등의 이용자가 인스타카트 어플리케이션에 자신의 주소를 입력하고 근처에 위치한 소매점(홀푸드, 코스트코 등)을 선택한다. 그런 다음 구매할 상품을 카트에 담아 결제를 진행하고, 상품 수령 시간을 선택한다. 그러면 사전에 등록된 쇼퍼가 상품을 구매하여 해당 시간에 직장이나 집 등 지정 장소로 배달해주는 것이다. 요금도 합리적이다. 2시간 이내로 배송해주는 3.99달러 서비스와 1시간 이내로 배송해주는 5.99달러 서비스, 35달러 이상 구매 시 배송비가 무료인 연회비 149달러의 인스타카트 익스프레스까지 다양한 요금 프로그램을 제공하고 있다.

앞서 기술했듯, 아푸바는 차량 공유 플랫폼 우버의 성공을 오랫동안 분석했다. 인스타카트의 쇼퍼, 즉 배달원들은 우버의 드라이버처럼 인스타카트의 직원이 아닌 파트타임제로 고용된 일반인들이다. 어플리케이션의 서비스 프로세스도 우버와 유사하다. 물건을 배달받을 주소를 입력하면 8km 이내의 식료품점이 표시되고, 원하는 지점을 클릭하면 그 점포가 취급하는 상품 목록을 보여준다. 상품을 골라 주문하면 쇼퍼가 주문을 수령하여 대신 구매한 후 이를 배달해주는 것이다. 그뿐 아니라 우버의 드라이버 평가, 위치 표시

기능 등을 벤치마킹하여 쇼퍼에게도 그대로 적용했다. 소비자와 쇼퍼가 직접 소통할 수 있는 채팅 기능과 함께 쇼퍼의 서비스 제공 경력을 그대로 공개함으로써 소비자들이 쇼퍼를 평가할 수 있게 만들고, 이를 통해 쇼퍼 간 암묵적인 선의의 경쟁 체제까지 만들었다.

인스타카트의 숨겨진 수익모델

인스타카트는 고객들에게 다양한 쇼핑 대행료 옵션을 제공하고 있다. 그렇다면 이 쇼핑 대행료가 인스타카트 수익의 전부일까? 소비자에게는 그렇게 보일 수 있지만, 아푸바는 이면에 다양한 수익모델이 인스타카트를 지탱할 수 있게 서비스를 설계하였다.

인스타카트는 자사 상품 없이 파트너 소매점에서 쇼퍼가 구매 대행 후 배송하는 시스템으로 작동한다. 따라서 인스타카트는 규모와 상관없이 모든 소매점의 엄청난 규모의 대형 판매 대리점인 셈이다. 인스타카트는 여기서 발생하는 파트너 피fee를 받고 있다. 포브스의 추정에 따르면 구매액의 3% 정도의 수준이며, 쇼핑 대행 건당 평균 2.25달러 정도로 추정된다. 또한 마크업markups이라는 수익이 있다. 이는 소비자가 파트너 소매점이 아닌 곳에서 구매할 때, 인스타카트 스토어 표시 가격을 조금 더 높여서 판매하는 것다. 마지막으로는 배치 비용placement Fee이 있는데, 온라인 페이지의 상품 배치 위치에 따라 제조업체로부터 받게 되는 일종의 광고비이다. 특히 신제품을 출시할 때, 제조사 입장에서는 파격적 할인과 동시에 공급함으로써 서로 윈-윈하는 모델이라고 할 수 있다. 결국 인스타카트의 수익모델을 종합해보면, 쇼핑 대행 한 건당 발생하는 수익은 6.75달러로 추정된다.

인스타카트의 성공 요인

인스타카트가 짧은 기간에 아마존의 경쟁자로 부상할 정도로 훌륭한 성과를 낼 수 있었던 비결은 효율적인 비즈니스모델 설계 덕이었다. 그는 실패한 웹밴과 달리 소매점들과 경쟁이 아닌 협력관계로 성장할 수 있다는 파트너십 인식을 무엇보다 중요하게 생각했다. 그는 또 아마존의 실수를 기회로 활용했다. 일반 중소형 식료품 소매점들에게 아마존은 위협적인 존재일 수밖에 없고, 아마존의 매출이 늘어나면 소매점들의 생존이 어려워질 것은 당연한 결과였다. 아마존이 소매점의 고객들을 타겟으로 공격적인 마케팅 경쟁에 돌입하자 인스타카트는 이 점을 돌파구로 활용했다. 자사의 서비스에 가입하고 이용자가 확대되면 소매점의 매출도 비례하여 증가할 것이라는 전략을 내세운 것이다.

또한, 인스타카트에는 자사 제품이 없다. 이로 인해 재고 부담에서 자유롭다. 게다가 물류창고, 배송 차량 등의 실물 고정자산도 없다. 전국의 쇼퍼 소유의 차량이 배송 차량이고, 전국 수십만 개의 소매점이 물류창고인 셈이다. 월마트, 홀푸드, 코스트코, 타겟 등 300여 개의 대형 유통업체와 더불어 미국 내 1만 5,000여 개의 식료품점과 연계하기 시작한 인스타카트는 4,000개 도시에서 서비스를 제공하고 있다. 이로써 소비자들은 약간의 배달 비용만 내면 시간도 아끼고 무거운 짐도 들 필요 없이, 믿을 수 있는 상품을 집에서 편하게 받아볼 수 있게 된 것이다.

아울러, 2020년 팬데믹 사태가 발생하자, 이용객이 급증하면서 인스타카트는 때아닌 '불행 속 호황'을 맞이했다. 이러한 시장 상황에서 주문량은 전년 대비 500% 증가하였고, 2020년 한해 인스타카트 사용자는 960만 명으로 매주 7억 달러 규모의 판매량을 기록한 것으로 나타났다. 또한 쇼퍼의 수도 2019년 13만 명에서 2022년 60만 명으로 증가하였다. 이는 수요의 증가와 아울러 우버의 드라이버나 배민의 라이더처럼 파트타임 형식의 플랫폼 근무자에 대한 수요가 크게 증가한 결과이기도 하다.

핵심은 플랫폼이 아니라 기술

인스타카트는 겉으로 보기에는 단순 온라인 매칭 플랫폼 사업자로 보이지만, 사실은 엄청난 기술 기업이다. 시스템의 하부구조를 거대한 빅데이터 분석과 AI 시스템이 지탱하고 있기 때문이다. 1~3시간 내 배송서비스를 제공하기 위해 인스타카트는 날씨, 교통 상황, 도로 공사 여부, 스포츠 경기 상황까지 다양한 변수를 분석하고 있으며, 이를 통해 소비자에게 정확한 배송 예정 시간을 분 단위로 제공한다. 또한 판매점의 재고 정확도를 높이기 위해 전국의 판매점이 실시간으로 재고를 업데이트할 수 있도록 소프트웨어와 정보시스템 투자를 지속하고, 쇼퍼의 빠른 쇼핑을 위해 점포마다 GPS 기반으로 상품의 위치 경로를 제공한다. 또한 고객에 대한 통계적, 지리적 데이터가 결합된 구매 데이터를 회사의 다양한 의사결정에 활용한다. 마치 넷플릭스가 가입 고객의 서비스 이용 정보를 분석해서 신규 콘텐츠를 기획 및 제작하고, 개별 고객이 좋아할 장르와 트렌드를 적극적으로 제공하는 취향 맞춤 서비스의 대명사가 된 것처럼, 인스타카트도 높은 수준의 데이터 기반 기업활동을 펼치고 있는 것이다.

인스타카트는 와이컴비네이터의 시드 펀딩 후, 창업 1년 만에 1,000만 달러의 매출을 달성했고, 그 이듬해에는 1억 달러의 매출까지 돌파했다. 이러한 실적을 기반으로 실리콘밸리 투자자들의 주목을 받기 시작했고, 창업 2년 반 만에 2억 2,000만 달러 규모의 시리즈 C 투자를 유치하며 20억 달러의 기업가치를 평가받아 유니콘 기업의 반열에 올랐다. 이후 팬데믹 기간을 거치면서 회사실적이 급성장했다. 2021년에는 390억 달러의 기업가치를 인정받으며 2억 6,500만 달러 신규 자금을 투자받았다.

우리만의 비즈니스 독창성으로 우리만의 파이를 먹자

아푸바의 집요하고 끈질긴 도전이 없었다면 오늘의 인스타카트가 존재할 수 있었을까 싶을 정도로, 그의 도전과 상상력은 대단하다. 사실 그는 인스타카트 아이디어를 아마존에 근무할 당시 새로운 비즈니스모델로 제안했지만, 수익 실현이 되지 않을 것이라는 의견에 부딪혔다고 한다. 그렇다면 사업의 귀재인 아마존마저도 거절했던 그의 아이디어를 포기하지 않게 한 원동력은 무엇일까?

비즈니스는 상품, 시장과 같은 원시적 요소와 함께 기업, 산업, 경제 같은 제도와 떼놓고 생각할 수 없는 영역이다. 그래서 어떤 사업 아이디어든 상품, 시장, 기업, 산업, 경제에 대한 기업가의 생각을 반영하고, 각각의 요소들에 대한 이점과 허들 또한 끊임없이 고민해야 하는 지점들이다. 이를테면 사업에 '도가 텄다' 평가받는 아마존은 자기 영역에서의 이점과 장벽을 너무 잘 알고 있었다. 하지만 문제는 그것'만'을 잘 알고 있었다는 것이다. 이런 아마존의 한계를 뛰어넘고, 어떤 가치를 창조하여 고객의 다양한 욕구를 충족시킬 수 있었는지에 대해서는 인스타카트의 아푸바가 한 수 위였던 것이 아니었을까? 그만의 경제적 독창성economic ingenuity이 빛났다고 할 수 있다. 아푸바는 소비자의 욕구를 플랫폼과 연결할 때 발생할 파급력을 상상했고, 그는 그 가치를 믿고 집요한 열망을 동력 삼아 현실화했다. 다시 말해, 그의 경제적 독창성이 아마존도 포착하지 못했을 만큼 집요하고 비상했던 것이다. 성장 기업에게 필연적으로 찾아오는 관성의 딜레마를 어떻게 풀어나갈지, 자신만의 경제적 독창성을 잘 지켜나갈 수 있을지 미래가 기대되는 인스타카트이다.

인스타카트

Where?	미국, 시카고
When?	2012년
What?	쇼핑 대행 및 배달플랫폼을 활용한 보다 편한 장보기 서비스
Who?	아푸바 메타Apoorva Mehta
Why?	번거로운 장보기를 쉽고 편하게 바꾸기 위해
How?	플랫폼을 활용해 퍼스널 쇼퍼와 고객을 연결

PART 4

코리아 스타트업 리포트

우리나라에서 애그테크 산업은 농업에 대한 부정적 인식과 후진적인 산업구조, 그리고 상대적으로 작은 내수시장으로 인해 그동안 주목받지 못했다. 이스라엘, 네덜란드처럼 글로벌시장을 겨냥한 기술개발과 파괴적 혁신을 추구하기보다는, 농민 보호라는 명목의 시혜성 정책이 우선시된 탓에 기업가정신을 바탕으로 한 기업형 농업은 금기시되었다. 이러한 정치사회적 분위기로 인해 농업벤처의 육성정책도 소극적이었고, 우리나라 벤처기업 3만여 기업 중 진정한 농업기술 기반의 벤처기업은 손에 꼽을 정도로 소수에 불과했다.

그러나 최근 세계적으로 혁신기술과 농업의 융합이 이슈가 되고, 그 성장성 및 파급력이 입증되는 중이다. 이런 동시에 팬데믹을 거치면서 안전한 먹거리와 식량안보의 필요성 역시 강화됨에 따라 우리나라에도 애그테크 기반의 스타트업이 증가하고 있다. 정보통신 기술을 기반으로 한 각종 플랫폼 비즈니스의 성공 사례가 나오고, 디지털 기술 역량이 뛰어난 청년들과 타 산업에서 성공을 일군 벤처 기업가들이 속속 농업부문에 진입하면서 다양한 산업을 벌이는 중이다.

세계 농산물 무역플랫폼을 구축하여 운영하는 트릿지는 2022년 5월 기업가치를 3조 6,000억 원으로 평가받으며 시리즈 D 투자를 유치해냈다. 국내 농업 스타트업 최초로 유니콘 기업으로 떠오른 것이다. 빅데이터와 인공지능 기술을 기반으로 팜모닝 서비스를 제공하고 있는 그린랩스는 시리즈 C 투자에서 1,700억 원을 투자받음으로써 넥스트 유니콘으로 주목받고 있다. 또 스타트업에서 드물게 종자기술로 기술력을 인정받은 이그린글로벌과 국내 최대 식물공장을 운영 중인 팜에이트가 있다. 또한 모듈형 스마트팜 솔루션으로 세계적인 기술력을 인정받으며 320억 원의 누적투자를 달성한 엔씽 등 적지 않은 스타트업이 넥스트 유니콘을 향해가고 있는 형세이다.

애그테크는 국내외를 가리지 않고 그 나라의 환경적인 요소와 밀접하게 결부되어 있다. 예를 들어 미국, 호주, 캐나다 등 넓은 농지를 기반으로 한 조방농업 국가에서는 정밀농업이나 농업로봇 시장이 빠르게 성장 중이다. 위성, 드론 등을 이용한 모니터링 기술과 이미지 분석, 물 관리 센서 등의 정밀농업과 디테일한 기술을 다루는 농업로봇이 이전보다 늘어난 수확량을 보장할 수 있기 때문이다.

이에 반해 우리나라는 농지의 면적이 좁고 소농이 많다. 시설기반의 스마트팜과 관련된 원격탐지와 제어기술, 그리고 실내 농장의 자동 운용시스템, 조명, 생산 관련 스타트업도 많이 생기는 중이고, 글로벌 진출이 유리한 대체육 부문에도 많은 도전자가 등장하고 있다.

애그테크 산업은 농사를 짓거나 농장을 운영하는 개념의 농업이 아니다. 이미 타 산업에서 활발히 사용되고 있는 원천기술을 농업에 적용하여 자동화와 효율화를 도모하는 응용산업의 성격이 강하다. 따라서 우리나라 청년들의 디지털 역량과 기술 그리고 제조역량을 고려하면 그 성공 가능성이 작지 않은 분야이다.

정부는 애그테크의 활성화를 위해 농식품 모태펀드를 조성하고, 농식품 기술창업 기업 육성을 위한 엑셀레이터를 지원하는 등 다양한 정책을 내놓고 있으나 타 부처의 그것들에 비하면 아무래도 아직 미미한 수준이다. 우리나라 창업 촉진 정책의 주무 부처인 중소벤처기업부의 공통 창업지원 정책으로 포괄되어 있긴 하지만, 애그테크 창업의 특성을 반영하기에는 한계가 있다. 그런 만큼 향후 대학 등 전문 교육기관에서의 체계적인 창업교육이 필요하다.

창업의 안목은 아는 만큼 보이기 때문이다. 기존 농업 종사자에 대한 기술적용 교육과 더불어 타 산업에서 벤처성공 경험이 있는 기업가나 청년들에 대한 농산업 창업교육의 체계적 실행도 병행되어야 한다. 지금부터 살펴볼 사례들이 이를 위한 영감의 원천이 되어주길 바란다.

그린랩스:

디지털 트랜스포메이션과 데이터 농업

IBM의 최고경영자인 지미 로메티 회장은 2017년 1월 다보스 포럼에서 4차 산업혁명과 노동자에 관해 이야기하며 블루칼라도 화이트칼라도 아닌 새롭게 등장할 노동계급으로 뉴칼라New Collar 를 언급했다. 그는 4차 산업혁명 시대에는 새로운 교육방식으로 양성된 뉴칼라 인재가 미래를 이끌어갈 주역이 될 것이라고 말하며, 학력이나 학벌보다도 디지털 시대에 맞는 적용력과 남다른 창의력이 핵심역량이 될 것이라고 강조했다.

우리나라에도 농업 분야의 블루칼라와 화이트칼라의 경계를 허물고 있는 사람들이 있다. 그 주인공은 바로 토종 농업 벤처기업

그린랩스의 공동 창업자들이다. 이들은 21세기 메가트렌드인 4차 산업혁명의 중심에서 새로운 시작을 준비하며 지금까지 농업이 육체노동이었다면 앞으로는 지식노동으로 탈바꿈할 수 있도록 농업 데이터 유통을 위한 플랫폼을 만들고 싶다고 한다.

IT 전문가들이 모인 특수부대

그린랩스는 IT 기술과 플랫폼 서비스 경험이 풍부한 3명의 전문가가 함께하며 우리나라를 대표하는 애그테크 기업으로 성장하고 있는 벤처기업이다. 2020년 5월, 그린랩스는 서비스 및 마케팅을 총괄하는 넥스트 매치 창업가 신상훈 대표, 경영전략 전문가 최성우 대표까지 영입하며 안동현(국내사업) − 신상훈(서비스&마케팅) − 최성우(해외사업) 3인 공동경영 체제를 완성했다. 가장 최근에 합류한 신 대표는 데이팅 서비스 어플리케이션 '아만다'를 만든 넥스트 매치의 창업가 출신으로, 서울대 전기공학과를 졸업하고 뱅크오브아메리카 메릴린치의 펀드매니저로 활동했다. 2011년에는 학교 동아리 선배가 창업한 리디북스에 합류해 본부장으로 근무하며 투자자 겸 경영진으로 활동한 경험을 가진 연쇄 창업가이기도 하다.

내로라하는 IT 전문가들이 모인 그린랩스였지만, 창업 초기에 출시한 스마트팜 솔루션 팜모닝의 초기 버전은 농민들에 대한 사후지원 부족 등으로 여러 시행착오를 겪기도 했다. 첨단기술에 친숙하지 않은 농민들에게 지속적인 사후관리를 제공한 그린랩스는 점차 농민들과 예비 귀농인들에게 입소문을 타고 빠르게 성장하기 시작했다. 2019년 출시한 새로운 버전의 팜모닝은 국내 최초의 클라우드 기반 농장경영시스템으로서 스마트폰 어플리케이션을 통한 농장 원격 제어관리를 통해 농업 시장 정보와 유통 정보까지 제공하는 플랫폼이라고 할 수 있다. IoT 센서를 활용하는 스마트팜 기술은 작물 성장 데이터를 축적, 관리하는 과학적 생산방식에 적용돼 기존 관행 농업 대비 생산성을 수십 배 향상시켰다. 더불어 회원 농가의 생산물을 네이버쇼핑이나 카카오 이커머스 등에 판매할 수 있는 판매채널까지 제공함으로써 농민들의 수익성 증대에 기여 할 수 있게 되었다.

2020년 7월 출시한 모바일 버전 어플리케이션 '팜모닝'은 한단계 더 발전시킨 모델로써 농업생산성 개선과 유통 구조 혁신을 위한 플랫폼으로, 디지털 기술을 활용해 농작물 생산부터 유통까지 농사 전 과정을 지원하고 있다. 그리고 농장 신축을 원하는 농가를 대상으로 토지 및 자금 확보와 작물 선정, 하우스 설계 시공, 유통

경로 개척 등 컨설팅과 전문화된 서비스를 제공하고 있다.

사업계획 – 농장 신축 – 농장 운영 – 유통관리 4단계로 나뉘어진 프로그램은 토지 컨설팅, 작물 선정과 자금확보부터 생산, 유통 컨설팅까지 제공하며 디지털농업을 꿈꾸는 농민들과 초보 귀농인들의 어려움을 해결하는 데 많은 기여를 하고 있다. 팜모닝에서는 도매 출하 대행과 대형 이커머스 입점 및 판매, 라이브 커머스 등 다양한 유통 판로를 제공하고 있고, 생산부터 유통까지를 잇는 다양한 서비스를 바탕으로 2022년 6월 현재 70만 회원이 팜모닝 어플리케이션을 이용하고 있다.

그린랩스는 딸기를 재배하며 농업에 뛰어들었다. 그리고 현재 그린랩스의 회원 농가 중, 가장 높은 비율을 차지하는 작물도 딸기이다. 딸기는 다른 과일들과 비교해서 높은 수익성을 보장하고 홍콩, 싱가포르 등 아시아 국가에서 높은 인기를 누리며 팔리고 있기 때문이다. 2021년 우리나라는 전년대비 20% 증가한 약 6,500만 달러의 딸기를 수출하며 한국 농산물의 가능성을 보여주고 있다. 이러한 환경을 감안하여 그린랩스는 최근 동남아시아 국가로의 서비스 확장을 추진하고 있다. 국산 작물에 대한 수요가 높은 지역에 우선적으로 팜모닝 솔루션을 수출한다면, 국내 농지와 동일한 재배 환경을 가진 생산 시설에서 작물을 재배할 수 있기 때문이다. 중국과 베트남에 진출하기 시작한 팜모닝은 딸기에 이어 천혜향, 샤인머스캣 등의 노지 과일 재배에도 성공하며, 해외 어디에서든 한국산 작물과 동일한 품질로 농산물을 재배할 수 있음을 보여주고 있다.

그린랩스의 빠른 성장과 동남아시아 진출 배경에는 미래 기술농업의 가치를 알아본 전문가들의 투자가 바탕이 되었기 때문이다. 그린랩스는 창업 후 여러 번의 투자 유치를 했다. 2020년 65억원의 시리즈 A, 2021년 200억 규모의 시리즈 B에 이어 2022년 1월에는 스카이레이크인베스트먼트 등으로부터 1,700억 원 규모의 시리즈 C 투자를 유치해 2022년 10월 기준 2,205억의 누적투자액을 기록했다. 그린랩스의 매출은 2019년 93억 원에서 2021년에는 967억 원으로 대폭 신장되었으며 기업가치가 1조 원 이상 비상장기업을 말하는 유니콘 기업 등극을 앞두고 있다.

AI 기술기반 애그테크 기업으로

설립 3년만에 국내 스마트팜 대표기업으로 자리 잡은 그린랩스는 첨단기술을 활용하는 농업 R&D 연구개발에도 매진하고 있다. 2020년 9월 그린랩스는 중소벤처기업부 주관 병해충 예찰 연구사업 수행기관으로 선정되어 컴퓨터 하드웨어 & 데이터 솔루션 기업인 엔비디아와 함께 머신러닝, 딥러닝 기반 병해충 예방용 차세대 스마트농업 솔루션을 개발하고 있다. 여기에 그치지 않고 그린랩스는 가정용 스마트팜 재배기, 멧돼지 퇴치기, 교육용 스마트팜 프로젝트 등까지 개발하며 농업과 연계된 모든 분야에 첨단기술을 활용하는 파이오니어로 나아가고 있다.

우리나라 청년들의 창업 아이템은 선진국에 비해 유난히 ICT 부문 편중이 매우 심하다. 이러한 현실에서 ICT 분야 성공 경험을 가진 디지털 인재들이 의기투합해서 농업벤처에 도전하는 것은 흔치 않지만 매우 의미 있는 시도라고 평가된다. 그린랩스는 플랫폼 서비스 창업 경험을 보유한 청년들이 모여 불모지나 다름없는 농업벤처 분야의 무한한 가능성을 보고 장기적 청사진을 그린 후 기획 창업한 사례라고 볼 수 있다. 현재 시장과 산업의 현황을 명확하게 진단하고, 자신들이 활용할 수 있는 자원과 기술을 투입하면서 단기간에 양과 질이 보장된 성과를 창출할 것으로 예상된다.

구글의 프로그램 개발 리더였던 찰스 배런이 창업한 '농업계의 구글' FBN의 사례처럼 디지털 기술과 경험, 그리고 안목으로 무장한 뉴칼라 인재들이 디지털 전환에서 소외된 농업부문에 혁신의 바람을 불어넣는 스타트업인 셈이다.

직관과 관행을 벗어나 작물별 생육환경 변수들을 데이터화하여 클라우드에 저장하고, 빅데이터를 기반으로 무선통신망을 통해 스마트 설비를 통제한다면 어떤 변화가 일어날까? FBN은 농가들 토지의 축적된 성분분석 데이터를 기초로 최적의 작물을 추천하고(FBN 애널리틱스), 해당 작물의 씨앗과 자재를 판매하고(FBN 시드 파인더), 각 농부가 생산한 농산물을 자사의 플랫폼에서 판매하고(FBN 다이렉트), 나아가 농가들의 수요 데이터 추정을 통해 보험, 자금융자까지 알선하는 올인원 플랫폼을 구축했다. ICT 분야 선수들의 상상력으로 모범 답안을 만든 것이다.

이제는 뉴칼라 인재에서 뉴칼라 경영으로

기업가정신으로 똘똘 뭉친 그린랩스의 3인 군단은 농업이라는 산업 지식과 경험이 전무했지만, 기술혁신을 매개로 기존 산업을 농업으로 끌어들인 뉴칼라 스타일의 인재들이라고 말할 수 있다. 기존의 산업 경험의 경계를 허물고 오히려 그러한 자산을 거침없이 활용해 새로운 스타일로 디지털 시대를 이끌어가고 있기 때문이다. 또한 그린랩스의 혁신은 플랫폼이라는 개방형 공간을 통해 참여자의 정보 공유는 물론, 실시간으로 변화하는 외부 환경의 비즈니스 데이터가 다시 참여자로 하여금 파생될 수 있게 설계된 궤안에서 이루어지고 있어 새로운 비즈니스 기회를 끊임없이 창조해낼 것으로 기대된다. 이제는 기술 구현의 여부가 문제가 아니라 플랫폼에 참여하는 모든 이해당사자를 대상으로 어떤 리더십을 발휘해야 할지가 중요할 것으로 보인다. 그린랩스의 기술혁신이 플랫폼 이해관계자 리더십으로 더욱 빛나기를 기대해본다.

그린랩스

Where?	서울
When?	2017년
What?	클라우드 기술기반 스마트팜 솔루션
Who?	안동현, 신상훈, 최성우
Why?	데이터 기반의 과학적 생산과 판매를 지원하기 위해
How?	작물 생육 환경 변수 등 데이터 축적과 분석을 통한 AI기반 디지털 농업 실현

farm
business

이그린글로벌:
종자주권과 식량안보를 지키는 기술력

감자는 인류의 역사와 오랫동안 함께해 온 작물이다. 벼, 밀, 옥수수와 함께 세계 4대 식량으로 꼽히기도 한다. 오늘날에는 감자가 들어간 음식도 다양하고 또 구하기도 쉬워서 그 중요성을 인지하기 쉽지 않지만, 역사를 살펴보면 감자만큼 세계 인구의 증가와 감소에 큰 파급을 미친 작물도 없다.

일례로 17세기 말에는 감자 수확이 풍부해지면서 프랑스, 러시아, 아일랜드 등 세계 각지의 인구가 급증했다. 한편 1840년대 유럽에서는 7년간 대기근과 함께 감자 역병이 돌면서 200만 명 이상이 굶어 죽었다. 이처럼 인류의 생사와 함께해온 감자를 오늘날까지 풍성하게 공급하려는 방법을 고민한 창업가가 있다.

혁신적 씨감자 생산기술로 식량문제를 해결하다

바로 이그린글로벌의 신기준 대표다. 그는 해표 브랜드로 국내 식용유 시장을 평정했던 신동방그룹 고﹡ 신명수 회장의 차남으로, 컬럼비아대학교에서 경제학을 전공한 인재이기도 하다. 졸업 후 한국에 돌아온 신 대표는 2001년 컨설팅 회사를 설립하고 이스라엘의 IT 신기술을 수입하는 등 사업을 펼쳤지만 큰 성과가 없어서 4년 만에 사업을 접었다.

그는 다른 사업 분야를 모색하던 중 전라북도 전주에서 특용작물을 재배하는 농부들을 만났다. 이 농부들은 특용작물을 생산하고 판매하면서 씨감자 대량생산기술을 연구하고 있었는데, 신 대표는 감자의 시장성에 주목하게 되었고, 기업가인 아버지에게 자문을 구하며 2009년 농생명과학 스타트업 이그린글로벌을 설립했다.

이그린글로벌은 설립 초기 자체 개발한 조직 배양 기술로 병들지 않는 무병 씨감자를 재배하기 위해 연구개발에 매진했다. 그렇게 약 10년간의 개발 끝에 마이크로 튜버 기술MCT, Micro Tuber Technology을 세계 최초로 상용화했다. 이 기술은 멸균 환경의 식물공장에서 감자 줄기의 생장점을 배양해 씨감자 조직인 '마이크로 튜버'

를 대량으로 생산할 수 있게 해줬다. 그 후 농부는 토양에 마이크로 튜버를 파종하여 건강한 씨감자를 수확할 수 있다.

씨감자의 생산성을 높여준 조직 배양 기술, 마이크로 튜버

마이크로 튜버 기술이 주목받은 것은 1953년에 캐나다에서 발견되었을 때였고 국내에서도 다양한 업체가 상용화에 도전하였으나 모두 실패로 끝났다. 그러나 이그린글로벌은 어떤 기업도 성공하지 못했던 기술 상용화를 이루었다는 점에서 그 집념과 기술력을 알 수 있다.

기존의 방식으로 씨감자 1,000만 알을 재배하려면 6만 6,000헥타르의 설비 토지가 필요한데 이그린글로벌의 방식은 1,322헥타르 정도면 충분하다. 재배 기간 역시 3분의 1로 단축됐고, 밤낮 가리지 않고 365일 대량생산도 가능하다.

이그린글로벌은 자신들이 생산하는 종자를 무병無病 씨감자로 칭한다. 썩기 쉬운 감자를 생장기 동안 박테리아와 곰팡이로부터 보호하면서 최종적으로 병이 없는 상태로 만드려는 의지가 담긴 명칭이다. 감자는 다른 식량자원에 비해 세계 교역량이 많지 않은 농산물이다. 수분함량이 많아 금방 썩는 특성으로 운송비가 많이 들 뿐 아니라 감자와 함께 딸려오는 박테리아나 바이러스로 인해 각국 정부가 수입을 엄격히 제한하고 있기 때문이다. 하지만 무병 씨감자가 이 장벽을 허물고 있다.

감자 대국인 중국과 미국 시장에 도전하다

중국의 1인당 연간 감자소비량은 약 40kg 정도이고 전체 소비량은 미국의 15배가 넘는 세계 최대의 시장이다. 반면 씨감자 공급업체의 기술력은 낮은 편이다. 이처럼 중국의 폭발적인 시장잠재력을 엿본 이그린글로벌은 중국의 최대 국영 농업회사인 베이다이황 그룹과 합작법인을 설립하고 씨감자 시장 석권을 추진 중이다.

이그린글로벌은 동시에 미국 농산물 시장도 공략 중이다. 2015년에는 미국 3대 가공식품 회사로 손꼽히는 콘아그라 브랜드와 공급계약을 체결하였고, 2019년에는 램 웨스턴을 통해 맥도날드에도 납품할 수 있게 되었다. 이제 맥도날드의 프렌치프라이, 해시브라운 등 메뉴에 이그린글로벌의 씨감자가 활용되고 있는 것이다.

이그린글로벌은 독보적인 마이크로 튜버 기술의 가치를 인정받으면서 2020년 100억 원 투자 유치에 이어 2021년 12월에는 아시아개발은행 등으로부터 176억 원의 시리즈 B 투자도 유치했다. 또 2022년에는 76억 원 규모의 시리즈 C 투자도 받아 누적투자액 352억 원을 달성했다. 하지만 종자산업 특성상 단기간에 수익을 창출하는 분야가 아니기에 초기 매출은 미미한 편이다. 2022년 100억 원의 매출이 예상되고, 앞으로 5년 안에 1,000억 원의 연 매출을 계획 중이다.

종자산업계의 반도체라 불리는 마이크로 튜버의 파급력

마이크로 튜버 기술은 감자 외에도 고구마, 바나나, 마늘과 양파, 그리고 동남아시아에서 즐겨 먹는 카사바까지 다양한 식용작물에 적용할 수 있다. 또한 각종 약용작물과 화장품의 원료 작물에도 적용이 가능해 그 미래가치는 가늠하기 어려운 정도라고 한다.

이 기술은 최첨단 증식 공법으로 우수한 영양소와 맛을 보장할뿐만 아니라 병충해에 강한 종자를 대량으로 증식할 수 있다는 점이 가장 큰 장점이라고 볼 수 있다. 현재 세계적으로 마이크로 튜버기술의 연구개발이 진행되는 중이지만 종자산업의 특성상 성과를 내기 위해서는 10년 정도의 장기 연구가 필요하기도 하다. 그런 점에서 이미 앞선 기술을 확보한 이그린글로벌은 또 한 번의 농업혁명을 촉발할 잠재력이 있다. 또한 이 기술로 전 지구적 식량문제 해결에 이바지할 수 있는 잠재력도 있다. 가령 마이크로 튜버 감자는서류 가방 하나 분량으로 아프리카 한 국가의 기근을 해소할 수 있을 정도의 생산력을 지니고 있다. 이처럼 국제적으로 씨감자를 안정적으로 대량 공급하면서 기아 문제를 해결하고 기후변화로 인해 빠르게 대두되는 식량난 해결책으로서의 가능성도 제시하고 있다.

최근 들어 디지털 파밍과 스마트농업이 발전하면서 세계적으로 종자주권과 농업 데이터 확보를 위한 총성 없는 전쟁이 벌어지고 있다. 선진국들은 식물 유전자원 확보를 위해 경쟁적으로 대규모 투자와, 신품종 개발을 통한 종자전쟁의 주도권을 잡으려 안간힘을 쓰고 있다. 종자산업은 식량안보를 위한 원천 요소일 뿐 아니라 생명공학기술 등 첨단기술을 광범위하게 접목할 수 있어 미래 성장산업으로의 발전 가능성이 매우 크다. 이러한 상황에서 단순 수익을 떠나 종자주권과 식량안보를 위한 종자산업의 성과에는 남다른 의미가 있다.

이그린글로벌

Where?	서울
When?	2009년
What?	무병 씨감자를 무균 환경에서 대량생산할 수 있는 종자 기술
Who?	신기준
Why?	무균 식물공장에서 고품질의 씨감자를 단기간에 대량생산하여 값싸게 공급하기 위해
How?	마이크로 튜버 기술을 자체적으로 개발

넥스트온:
폐터널을 활용한 고효율 에너지 스마트팜

쓰레기가 쌓여가던 폐터널을 최첨단 스마트 농장으로 재탄생 시킨 기업가가 있다. 바로 넥스트온의 최재빈 대표이다. 그는 넥스트온 창업 이전 서울반도체에서 대리로 시작해 사장까지 승진하며 LED 업계의 고수로 인정받던 전문가였다. 최 대표는 서울반도체가 매출 1조를 달성한 2014년에 사장직을 사임하고 반도체 분야의 경험을 살릴 수 있는 다른 분야를 탐색하기 시작했다.

최 대표는 평소 농업의 가능성을 높이 평가했다. 하지만 그 가능성에 비해 IT 기술 접목 속도가 상대적으로 느렸고, 다른 산업들과 기술격차는 커지는 상황이었다. 최 대표는 홀로 사업을 시작하기 어렵다고 판단해 서울반도체에서 함께 근무했던 동료들에게 도움을 요청했다. 이 때 합류한 이상민 부대표는 서울반도체 시절 부사장이었고, 김정욱 마케팅 본부장은 영업 담당 임원직을 맡았던 서울반도체의 주역이었다. 이렇게 모인 전문가 3인방은 2017년, LED를 활용하여 인도어팜을 구축하는 농업 스타트업 넥스트온을 창업했다. 이들은 반도체산업에서 쌓은 다년간의 경험과 효율성의 원칙을 농사에도 적용해보자는 포부로 폐터널에 쌓였던 쓰레기 더미를 치우며 창업에 뛰어들었다.

폐터널을 세계 최대 규모의 인도어 스마트팜으로

넥스트온이 옥천 폐터널에 스마트팜을 구상하게 된 주요 이유는 설치비용 때문이었다. 대부분의 스마트팜 업체는 높은 설치 및 운영비용으로 어려움을 겪는다. 이를 꿰뚫어 본 최 대표는 운영비를 낮추지 않고서는 아무리 좋은 기술력을 확보해도 사업화가 어렵다고 판단했다. 지속가능한 농장을 위해서는 운영비용을 간과할 수 없다. 이 문제를 해결하지 않는다면 기술혁신과 생산성 향상도 밑 빠진 독에 물 붓기나 다름없다.

그는 식물 생장에 최적화된 온도와 습도를 가진 폐터널을 찾아 전국을 돌아다녔다. 그리고 마침내 충청북도 옥천군 동이면에 있는 총길이 690m, 터널 폭 13.6m의 옥천터널을 찾았다. 옥천터널은 2002년 경부고속도로가 폐쇄되면서 15년간 방치되어 있었다. 또한 과거에 경부고속도로의 상행선으로 이용하던 구간이면서 대전과 대구를 연결하는 주요 터널이었으나, 오늘날에는 그 쓰임새를 잃고 버려진 상태였다.

넥스트온은 곧바로 한국도로공사와 장기 임대계약을 맺고 스마트팜을 조성하기 시작했다. 얼마 지나지 않아 넥스트온은 옥천터널을 세계 최대 규모의 실내농장으로 탈바꿈시켰다. 이제 옥천터널 내부는 현재 잎채소류와 딸기, 그리고 바이오 소재용 작물이 성장하는 스마트팜으로 활발하게 운영되고 있다. 그 평면적만 2,020평에 이르는 방대한 수직농장이 된 것이다.

폐터널과 독보적인 LED 기술이 융합된 최적의 생장 환경

넥스트온 창업팀이 과거에 이끌었던 서울반도체는 1만 개가 넘는 특허기술을 보유한 세계적인 LED 업체다. 최 대표와 동료들은 재직할 당시 축적해온 기술력을 바탕으로 창업 초기 단계에서 폐터널 스마트팜에 최적화된 LED 개발에 온 힘을 쏟았다.

그 결과 넥스트온이 개발한 LED는 일반 LED보다 발열을 줄여 전기료 부담을 크게 덜 수 있었다. 1년 내내 에어컨을 틀어야 하는 인도어팜에서 사용하는 일반 LED 제품은 온도가 67도까지 상승하지만, 넥스트온의 LED는 평균 32도 이상으로 올라가지 않게 설계되었다. 그리고 식물의 광합성에 가장 적합한 가시광선을 발산하는 고효율 LED 광원을 설계했고, 이 덕분에 햇빛이 전혀 들지 않는 환경임에도 불구하고 농작물을 효율적으로 키울 수 있게 되었다.

넥스트온은 여기서 그치지 않고 터널이라는 장소의 환경적 혜택을 극대화했다. 터널은 내부 온도가 상시 균일하게 유지된다는 점에 큰 장점이 있다. 이 덕에 여름에는 냉방비를 절약하고, 동절기에도 난방비를 절약할 수 있었다. 또 식물이 자연풍에 조금씩 흔들리는 현상을 구현하고자 터널 안에 초속 1m의 바람이 불도록 장비를 설치했다. 인공풍으로 낮과 밤의 온도 차를 미세하게 조절하면 식물의 호흡을 도울 수 있고, 보다 신선한 채소의 식감을 구현할 수 있게 되었다. 최근에는 공조 기술도 독자적으로 개발하는 등 끊임없는 연구개발로 실제 자연환경에 근접한 조건을 구현해 스마트팜 혁신을 이끄는 중이다.

햇빛 없는 인도어팜이 미래 식물 성장의 보고가 되다

옥천터널의 인도어팜에 입장하면 가장 먼저 잎채소류 재배 구간이 등장한다. 태양을 대신하는 분홍빛 LED 조명 아래서 샐러드용 채소가 수경재배 방식으로 자라는데, 치커리나 양상추, 청경채, 깻잎 등 식탁에서 일상적으로 볼 수 있는 채소부터 이자벨, 프리라이스, 카이피라 등 고급 레스토랑이나 친환경 매장과 카페에 납품하는 품종을 포함해 총 86종의 작물을 재배하고 있다.

넥스트온의 스마트팜은 재배 선반을 터널 바닥부터 천장까지 무려 14단에 걸쳐 쌓아 압도적인 공간 효율성을 자랑한다. 선반 전체의 길이는 200m 폭은 7m의 규모로 거대 규모의 농장으로 운영된다. 이렇게 재배되는 샐러드용 채소의 생산량은 연 300톤 규모에 이르고, 동일 면적의 일반 비닐하우스 대비 최대 170배의 생산성을 기대할 수 있게 되었다. 특히 상추는 일반적으로 연간 4모작을 하지만 넥스트온의 인도어팜에서는 17모작까지 가능하다고 한다.

잎채소류 구간을 지나면 넥스트온이 가장 심혈을 기울이고 있는 건강기능성 작물 구간이 등장한다. 넥스트온은 최근 이 구간에서 눈 건강에 좋은 물질을 포함한 작물을 수확하는 데 성공해 제약회사와 납품 계약을 체결했다. 또한 넥스트온이 국내 인도어팜 중 유일하게 의료용 대마씨hemp seed에 대한 재배와 학술연구 허가를 보유하고 있다는 사실도 주목할 만하다. 합법적으로 제조된 의료용 대마씨는 치매와 우울증 등 다양한 정신질환 치료에 활용된다.

넥스트온의 마지막 구간에는 딸기가 재배되고 있다. 특히 인도어팜에서 저온성 딸기 생산에 성공한 것은 이 옥천터널 사례가 세계 최초다. 잎채소류는 여타 인도어팜에서도 쉽게 시도할 수 있지만, 딸기를 비롯한 고부가가치 과일들은 잎을 키우고 꽃을 피워 자연수정까지 해야 하는 등 여러 단계를 거치는 정교한 기술이 필요하다. 기존 방식대로 노지에서 딸기를 재배하려면 60~90일이 소요되는 반면 넥스트온의 인도어팜에서는 40일 정도에 열매를 수확할 수 있다.

인도어팜과 외식산업의 결합으로 새롭게 창조하는 소비문화

넥스트온은 현재 운영 중인 스마트팜과 외식산업을 결합해 다각도로 사업 기회를 모색하고 있다. 가령 스마트팜 중심의 복합 에코시티를 조성해 유명 요리사에게 농장을 임대해주거나, 인도어팜에서 방금 출하된 신선한 농작물을 가공식품이나 건강기능식으로 가공하고 판매하는 농산물 유통도 기획하고 있다. 이처럼 끊임없는 넥스트온의 혁신적 움직임 때문일까? 넥스트온은 농산물 생산부터 가공, 소비문화까지 주도하는 혁신 스마트팜 스타트업으로 자리매김할 것으로 기대받고 있다.

넥스트온의 남다른 생산성은 온도와 습도, 광합성 작용과 이산화탄소, 농업용수 등 작물에 영향을 미치는 거의 모든 변수를 제어할 수 있는 첨단 제어시스템 덕이다. 넥스트온은 이와 같은 기술력을 인정받아 2019년도에 85억 원 규모의 시리즈 A 투자를 받고 2021년도에는 150억 원 규모의 시리즈 B 투자를 추가해 누적 235억 원의 투자금을 유치했다. 매출은 창업 5년 차인 2021년 기준 94억 원을 달성하였으며, '2021 우수벤처기업'에 선정되는 등 사업성과와 기술성을 인정받고 있다. 넥스트온은 앞으로 사우디아라비아 등 중동지역과 싱가포르, 몽골 등 식량의 자체 생산이 어려운 국가를 대상으로의 확장도 구상하고 있다. 또 현재 주력 작물에 대한 연구개발을 지속해 신약 시장 진출도 내다보는 등 한계를 두지 않는 사업 확장을 계획 중이다.

넥스트온의 터널 농장은 4차 산업혁명 시대의 농업을 선도할 새로운 비즈니스모델로 주목받기 충분하다. 특히 세계 최초로 터널을 활용한 인도어팜을 조성했다는 점이 이슈가 되어 CNN 등 해외 언론에도 소개되기도 했다. 이렇듯 쓰레기더미로 가득 찼던 폐터널을 생명력 넘치는 공간으로 탈바꿈시킨 넥스트온이 어디까지 뻗어갈 수 있을지 귀추가 주목된다.

유휴 공간에 생명력을 불어넣는 스마트팜

넥스트온의 사례처럼 스마트팜으로 재탄생할 수 있는 또 다른 공간이 있다. 먼저 폐광산 지하이다. 폐광 지하 역시 일정한 온도와 습도를 유지하는 천혜의 환경 덕분에 낮은 전력으로도 농산물을 저장하거나 재배하는 공간으로 재활용될 수 있다.

　두 번째는 출퇴근길에 지나치던 지하철 역사 공간도 텃밭으로 바뀔 수 있다. LED와 센서를 통해 식물이 생장할 수 있는 환경을 구축한 국내 인도어팜 선도기업 팜에이트의 스마트팜이 대표적이다. 현재 답십리역, 천왕역, 을지로3가역 등 지하철역의 인도어팜에서 다양한 채소가 재배되고 있다.

　마지막으로 유휴 공간을 활용한 도시농업용 용지도 만들어지고 있다. 최근 지자체들이 주민센터 등의 옥상을 텃밭으로 가꾸어 인근 어린이집 아이들에게 농사 체험의 기회를 제공하고 있다. 옥상 텃밭이 늘어나면서 도심 속 아이들은 자연스럽게 친환경적 사고를 키워나가고 자연의 건강함을 배울 수 있다.

　스트레스로 피폐해진 현대인들에게 도시농업 공간은 단순히 유휴 공간 재활용에 그치지 않고 정신적, 신체적 치유를 제공하는 생명의 공간으로 다시 태어나고 있다. 이처럼 첨단 농업에 장소와 시간의 한계란 없으며, 다양한 기업들의 창업 역시 계속될 전망이다.

넥스트온

Where?	충북, 옥천
When?	2017년
What?	폐터널을 활용한 인도어 스마트팜
Who?	최재빈
Why?	대형 유휴 공간을 활용한 수직농장에서 다양한 작물을 기르기 위해
How?	LED 기술과 성장 환경 제어시스템을 통해 최적의 생산 환경 조성

쿠엔즈버킷:
프리미엄 기름 시장을 개척하다

　고소하면서 풍미가 우수한 참기름과 들기름은 한식 메뉴에서 감
칠맛을 더해주는 식재료이다. 그런데 이러한 기름의 제조법이 일
제강점기 이후 지금까지 100년 넘게 변화가 없었다는 점을 아는
사람은 많지 않을 것이다. 모두가 당연하게만 여겨온 기름 제조법
에 의문을 품고 그 방식의 개선을 통해, 더욱 맛있고 품질 좋은 식
용 기름을 공급하고자 애써 온 청년이 바로 쿠엔즈버킷의 박정용
대표이다.

참기름 산업군의 문제점을 제품 혁신의 기회로

박 대표는 참기름 사업을 시작하기 전 국내 유명 백화점의 식품 마케팅을 담당했다. 백화점 식품관에서 식품 관련 명인이나 상품을 발굴하는 일을 하던 도중, 식용 기름 산업이 전반적으로 낙후되어 있다는 점과 소비자가 눈속임 당하는 부분이 있다는 점을 포착했다. 참기름을 추출하는 과정에서 저렴한 수입산 깨를 섞어도 기름으로 추출되고 나면 알아채기 어렵다는 점 때문이었다.

이뿐 아니라 기름 업계에서는 공급자가 참기름의 원산지나 유통 기한을 거짓으로 작성하거나 저가유인 콩기름이나 식용유 등을 첨가하여 양을 불리는 등의 소비자 기만도 적지 않았다.

그는 이러한 식용 기름 산업의 문제점을 관찰하면서 개선의 필요성을 느꼈고, 이를 계기로 자신만의 사업을 구상하게 되었다. 박 대표는 창업을 시작하기에 앞서 가장 먼저 방앗간에 취직하여 6개월 동안 참기름 짜는 방법을 배웠다.

그 후 기존 제조 방식과 품질관리의 문제점을 개선해 2012년 프리미엄 참기름 브랜드 쿠엔즈버킷을 런칭한다. 그는 전국을 돌아다니며 최고의 참기름 압착 기계와 원료를 찾았고, 1년 후 쿠엔즈버킷은 자사만의 참기름 압착 방식을 개발한 뒤 이를 뒷받침할 원적외선 저온 볶음 기계를 장착한다.

쿠엔즈버킷은 기존의 고온 압착 방식과 차별화된 저온 압착 방식으로 참기름을 만들었다. 기존의 고온 압착 방식으로 깨를 볶아 압착하면 양이 많이 추출된다는 장점이 있지만 참깨가 타면서 생기는 발암물질 벤조피렌이 포함될 수밖에 없었다. 반면 쿠엔즈버킷이 개발한 저온 압착 방식으로 깨를 볶고 추출하면 재료가 타는 일도 없고 참기름 원재료의 맛과 향이 더욱 길게 유지되는 장점이 있다.

저온 압착 참기름에서 가장 중요한 요소는 원료인 '깨'다. 좋은 참기름을 만들기 위해서는 생산, 저장 과정에서 고소하고 신선한 깨의 맛을 유지하는 작업이 핵심이다. 이를 위해 쿠엔즈버킷은 사업 초기 100가지가 넘는 품종을 테스트하면서 최적의 품종을 선별했고, 농촌진흥청과 국립식량과학원 두 기관이 추천한 종자로 깨를 재배하는 농가에서 깨를 받았다. 뿐만 아니라 2022년에는 전북 익산시 소재의 국가식품클러스터에 입주하여 고창 참깨 작목반, 익산 성당 들깨 및 참깨 작목반 등과 계약재배 협약을 체결해 우수한 품질의 깨를 확보했고, 총 42개 농가에서 생산된 참깨와 들깨를 이용해 참기름, 샐러드 소스, 드레싱 제품 등을 생산해 25억 원의 매출을 기록했다.

쿠엔즈버킷은 저온 압착 방식을 선택했기 때문에 기름을 추출하고 남은 참깻묵을 활용한 아이템도 구상할 수 있었다. 고온 상태에서 남은 참깻묵은 검게 타서 버릴 수밖에 없지만, 낮은 온도에서의 참깻묵은 재활용할 수 있기 때문이다. 쿠엔즈버킷은 참깻묵에 피부에 좋은 영양소가 남아 있는 점에 착안해 페이스 오일과 마스크 팩을 만들고, 사료나 땅콩버터 등 다양한 방식으로 활용하는 방법을 연구하고 있다.

오감으로 체험하는 도심형 방앗간, 복합문화 공간으로

점차 사업이 확장하면서 쿠엔즈버킷은 2019년 4월 서울 동대문 디자인플라자 근처에 도심형 공장이자 방앗간을 건립했다. 한눈에 보기에도 독특해 보이는 이 도심형 방앗간은 회사의 브랜드 홍보를 톡톡히 하고 있다. 위치를 동대문으로 정한 것에는 일본인과 중국인 등의 관광객 유입이 많아 한국의 대표적인 식재료를 널리 알리려는 의도가 있었다. 이 공간은 한국 여행 정보 사이트에서 월간 인기 랭킹 1위를 기록하며, 실제로도 하루에 20~30명가량의 외국인 관광객이 방문해 추출 방식의 신선함을 직접 경험하고 제품도 구매하고 있다.

뒷박을 쌓아 올린 듯한 개성 있는 외관을 소유한 건물 내부의 카페에서는 참깨 스콘, 쿠키와 빵 등을 판매하고 자사의 제품을 활용한 다채로운 요리 클래스도 열고 있다. 또한 방문객들은 참기름 생산 시설에서 참기름 제조 기계가 작동하고 기름 착유 과정을 직접 관찰할 수 있으니, 이쯤 되면 쿠엔즈버킷의 도심형 방앗간은 참기름을 오감으로 즐기는 복합 문화 공간으로 거듭났다고도 볼 수 있다.

소비자의 입맛을 사로잡다, 없어서 못 파는 K-참기름

쿠엔즈버킷은 해외 프리미엄 오일 시장에 진출하기 위한 다양한 준비를 하고 있다. 이 스타트업의 제품은 뉴욕 미쉐린 가이드에 선정된 유명 레스토랑에서 사용되고 있고, 은은하면서 미묘한 풍미 덕분에 세계적인 셰프들 사이에서 긍정적인 반응을 보이고 있다. 또 블룸버그에서는 들기름이 식물성 오일 중 오메가3 비율이 가장 높은 건강식품이며, 참기름은 무기질 비율이 높고 풍미가 훌륭해 버터나 올리브유를 대신할 만한 식재료로 소개된 적도 있다.

현재 쿠엔즈버킷은 참기름 반응이 가장 좋은 미국을 비롯하여 홍콩과 싱가포르에 수출하고 있는데, 해외에서는 국내보다 더 비싼 가격으로 판매되고 있다. 판매처는 고급 레스토랑과 프리미엄 식품매장이 주를 이룬다. 올리브유가 세계적인 웰빙식품으로 인식되는 것처럼, 쿠엔즈버킷의 참기름도 기존의 관행을 타파한 프로세스 혁신을 통해 국내는 물론 해외에서 고급 식용 기름으로서의 입지를 굳혀가고 있다.

쿠엔즈버킷 제품의 수요는 착유기의 생산량에 한계가 있어서 밀려오는 주문을 모두 수용하지 못할 정도였다고 한다. 이 스타트업은 현대, 신세계, 갤러리아 백화점과 반얀트리 호텔 등의 고급 식품관에 입점하여 2016년 당시 참기름 한 병에 3만 9,000원, 들기름은 2만 5,000원에 판매했는데, 기존의 식용 기름보다 높은 가격임에도 불구하고 소비자들 사이에서 '강남 참기름'이라는 별칭을 얻으며 열띤 호응을 얻으며 입소문을 탔다.

쿠엔즈버킷은 기존 참기름 시장에서 문제점을 발견하고 끊임없는 연구개발을 통해 제품 혁신을 할 수 있었다. 쿠엔즈버킷은 사업 초기 오랜 기간 압착 방식 개선을 통한 제품혁신이라는 기본원칙에 충실하며 기계와 씨름하면서 기존의 쉬운 길 대신에 새로운 추출 방식에 집중했다. 시대의 변화에도 기존 관행에 고착되어 있던 식용 기름 시장에서 페인포인트를 발견하고 소비자들에게 깔끔하고 건강한 참기름을 공급하는 쿠엔즈버킷의 활약이 더욱 기대된다.

한계 없는 문제 인식으로 제품 혁신의 정석을 보여주다

혁신의 대상에 제한이 있는 것은 아니지만, 흔히들 첨단기술과 고부가가치 기반의 사업을 많이 거론한다. 하지만 그러한 프레임에

갇히지 않고 자신의 경험적 노하우와 맞물렸던 문제의식을 끝까지 파고들어, 굳이 첨단기술이 아니어도 얼마든지 또 다른 혁신 가치를 보여줄 수 있다는 것을 쿠엔즈버킷은 증명해냈다.

쿠앤즈버킷은 참기름이 얼마나 개선과 혁신의 여지가 있는지보다, 무심코 간과하거나 고정관념에 사로잡혀 그 너머의 가치를 보지 못하는 한정된 기회 인식에 관해 시사점을 제시한다. 쿠엔즈버킷은 한 기업가의 혁신역량으로 탄생한 스타트업이다. 혁신역량은 새 아이디어가 제품에 성공적으로 적용될 수 있도록 구현하는 역량이자 새로운 기회의 탐색을 통해 기존의 문제를 새로운 시각으로 해결하는 능력이다. 바로 이러한 점에서 쿠앤즈버킷 이야말로 혁신역량의 모범적인 비즈니스 사례이자 기업가정신의 상징이 될 수 있다. 또한 기존의 제품 개선은 물론 관행까지 변화시킨 한 창업가의 기업가정신이 의도한 혁신을 넘어 새로운 기회들로 어떻게 확산될 수 있는지를 실증적으로 보여준다는 점에서 의미가 크다.

이 대목에서 한번 생각해보자. 전통적 식재료라는 이미지에 가려 제품 혁신의 기회를 놓치고 있는 제품이 참기름뿐일까. 비단 식품의 경우에만 한정하지 않아도 좋다. 문제의식에서 포착된 제품의 개선점은 그 자체로 혁신역량의 단초가 될 수 있어 보인다는 점이 중요할 것이다.

쿠앤즈버킷

Where?	서울
When?	2012년
What?	믿을 수 있고 건강한 프리미엄 식용 참기름
Who?	박정용
Why?	기존 관행의 참기름 제조 과정에서의 문제점을 개선하고 글로벌 제품화하기 위해
How?	저온 압착 방식을 개발과 제조, 유통 프로세스의 혁신을 통해

푸드팡:
외식업 사장님의 식자재 B2B 플랫폼

우리가 매일 먹는 음식의 식재료는 어떤 경로로 식탁까지 올라올까? 과거에는 대부분 시장이나 백화점, 마트에서 식재료를 구매했다면, 요즘은 교통과 통신의 발달로 전날 주문하면 이른 아침에 집앞으로 배송이 오고, 심지어 백화점이나 동네 마트에서도 집에까지 배송해주는 시스템이 구축되어 있다. 그렇다면 식재료 수요가 큰 요식업체들은 어떻게 식자재를 공급받고 있을까?

우리나라에는 전국에 33개의 공영 농수산물 도매시장이 있다. 그중에서 서울의 가락동 농수산물 도매시장이 우리나라 농산물의 40%를 유통한다. 산지에서 매일 입하되는 농수산물은 이른 새벽에 중도매인들이 경매로 매입하여 소매상, 유통업체를 통해 식당, 마트 등 전국 소비처로 공급한다. 그러다 보니 수많은 식당 주인 등 자영업체들은 품목마다 다른 거래처에 일일이 전화나 문자로 주문을 해야 하고, 불투명한 가격과 부정확한 시간의 배송에 불편을 겪고 있다.

야채가게를 운영하며 찾은 창업의 힌트

이렇게 전 근대적이고 비체계적인 식자재 공급 시스템의 문제점에 주목한 청년이 있다. 우리 일상의 많은 부분이 디지털화되었음에도 아직도 식자재 거래 시스템은 아날로그 방식으로 운영되는 것을 보고 이를 디지털화해야겠다고 생각했다. 바로 공경율 대표의 이야기이다.

공 대표는 대학교에서 다양한 공학 지식을 융합하여 자동화 시스템을 공부하는 메카트로닉스 공학을 전공하고 졸업 직후 부산에서 야채가게를 운영했다. 그 당시 매장을 3개까지 늘릴 정도로 장사가 잘되었는데, 이때 식자재 납품 과정에 어떤 불편함이 있는지 직접 체험하는 동시에 다른 가게나 식당의 니즈도 파악할 수 있었다.

그렇게 3년간의 가게 운영을 마치고, 2016년 12월 리테일영이라는 회사를 창업하여 식자재 유통업 분야에 도전장을 내밀었다.

이후 2018년 4월, 본격적으로 식자재 납품 플랫폼 푸드팡을 출시했으며, 2020년에는 사명도 주식회사 리테일영에서 푸드팡주식회사로 변경하며 본격적인 사업 확장에 나섰다.

식자재를 식당 냉장고까지 새벽배송하다

기존의 식자재 유통 체계에 따르면 고기는 정육점에서, 야채는 야채가게에서 따로 구입해야 해 품목마다 구매처가 다른 데다가, 별도의 시스템 없이 문자나 전화로 주문해야 했다. 인터넷으로 주문하면 필요한 날짜에 오지 않는 일이 다반사였다. 그러나 푸드팡 서비스 출시 이후, 어플리케이션을 통해 중도매인과 식당이 연결되어 식자재를 저렴한 가격에 구매할 수 있게 되었을 뿐 아니라, 배송 요청 시간에 정확히 배달이 가능해졌다.

푸드팡은 가락시장 안에 사무실과 농수산물 수집 및 소분 센터를 만들고 기존의 유통 체계인 도매시장→중도매인→소매상→유통업체→식당에서 도매시장→식당으로 절차를 대폭 간소화했다. 또 푸드팡은 새벽 경매 이후, 경매 가격을 기준으로 소상공인이 매입할 수 있는 합리적인 가격을 제시해 시세를 표기했다. 이 가격 표시 덕분에 식당에서는 기존 대비 식자재 단가를 5~10%가량 절감할 수 있게 됐다.

새벽배송서비스와 그야말로 '없는 게 없는' 다양한 품목으로 식당 점주들의 만족도를 높였다. 식당 주인이 영업을 마치고 밤 10시 전까지 어플리케이션으로 구매 물품을 주문하면 농수산물 도매시장에서 최저가로 매입해 다음날 오전 8시까지 식당으로 배송해준다. 원하면 냉장고에 적재해주기도 한다. 농수산물, 축산물뿐만 아니라 식당 운영에 필요한 공산품까지 약 1만 1,000여 상품의 도매시장 시세 확인을 통해 저렴하게 식자재를 구입할 수 있다.

주문부터 출고까지 5시간 이내 처리 가능한 '푸드팡 프로세스'

그렇다면 푸드팡은 어떻게 짧은 시간에 그 복잡한 일을 다 처리할까? 저녁 10시에 주문이 마감되면 품목별로 전산 집계된 상품별로 MD들이 새벽 1시까지 직접 도매시장에서 중도매로 매입한 물품과 함께 도매시장 내에 설치된 소분 센터로 집하한다. 이후 소분 센터에서 새벽 3시까지 포장 인력들이 지역별, 식당별 코드값에 따라 상품을 포장한다. 포장이 완료되면 배송 루트에 따라 푸드팡 소속 배송기사와 계약 기사들이 아침 8시까지 식당의 주방, 냉장고 등 사전에 약속된 장소에 배송을 완료하는 것이다.

이러한 편리성이 소문나면서 고객들이 급속히 증가하고 있고, 현재에는 서울과 부산에서만 제공 중인 서비스를 전국으로 확대할 준비를 하고 있다.

푸드팡에는 쿠팡이나 마켓컬리와 달리 자기 제품이 없다. 매일 산지에서 올라오는 농산물 중 가장 좋은 물건을 매입함과 동시에 상품이 생기게 된다. 사전 주문 받은 상품을 구매하여 신선한 상태로 당일배송하기 때문에 재고도 없고, 따라서 유지비용도 없다. 대형 유통업체와 같이 전국 각지의 물류센터도 콜드체인도 필요 없다. 농수산물 도매시장 자체가 물류센터인 셈이다. 아울러 회사 소유의 배송 차량도 없다. 특정 시간만 쓰는 파트타임 아웃소싱으로 족하다. 식품업계의 우버라고 불리는 미국의 인스타카트와 유사한 비즈니스 구조인 셈이다.

푸드팡의 숨겨진 경쟁력, 데이터

푸드팡의 핵심자산은 의외로 데이터이다. 지역별, 품목별, 시기별 등 다양한 기준에 따른 빅데이터가 매일매일 쌓였고, 지금 이 순간에도 쌓이고 있다. 중도매인과 식당 간의 거래가 데이터화된 것은 국내에서 최초인데, 푸드팡은 이 데이터를 어떻게 활용하면 좋을지 고민했다. 그러던 중 2021년, 푸드팡은 정부의 '빅데이터 플랫폼 및 센터 구축 사업'의 농식품 분야 주관기관으로 선정되었다.

사업 선정 이후 푸드팡은 빅데이터 센터 구축을 완료하고, 고객의 주문과 포장, 배송, 수령 단계까지 모든 식자재 유통 단계의 데이터를 수집 및 분석하는 일에 보다 면밀하게 집중하고 있다. 이 사업은 그동안 국내에서 실현이 어려웠던 농식품 산업 데이터 구축과 수집 체계의 디지털화를 추진한다는 데 의미가 크다.

푸드팡에 누적된 빅데이터로 앞으로 할 수 있는 서비스는 무궁무진하다. 식당 측에는 농산물 가격 예측에 따라 구매 시기를 조절할 수 있게끔 알려줄 수 있고, 도매 시간의 경매 정보도 매 시간마다 바로바로 알려줄 수 있다. 식자재 주문 데이터가 누적되면 식당별로 맞춤형 자동 발주 시스템도 가능해질 것이다. 중도매인에게는 농산물에 대한 수요 예측 자료를 제공하고 물량 확보 필요성을 미리 전달할 수도 있다.

식자재 물류 혁신을 불러온 푸드팡은 2022년 12월 기준, 전국의 9,200여 곳의 외식업체에서 서비스를 이용 중이다. 식품산업통계에 따르면 2020년 기준 우리나라 식당수는 58만 개라고 한다. 이제 막 서비스를 시작했고, 시스템 보강과 서비스 지역 확대를 고려하면 성장잠재력은 무궁무진해 보인다. 이에 따라 매출도 현재 서울과 부산에서만 운영 중임에도 2020년 77억, 2021년 172억, 2022년에는 500억 원을 상회할 것으로 예상된다.

2022년 1월, 푸드팡은 110억 원 규모의 시리즈 B 투자를 유치했으며 누적투자금액은 총 160억 원에 이른다. 푸드팡은 앞서 언급한 대로 설비 등을 위한 자본투자가 적어 현금 흐름이 나쁘지 않다. 따라서 투자유치 자금을 활용하여 더욱 빠른 배송서비스를 위한 도심 내 마이크로 풀필먼트 센터 시설을 확충하고 있다.

앞으로 푸드팡은 도매시장 자체를 거대한 물류센터로 만들려는 목표도 가지고 있다. 오늘날까지 도매시장은 고객이 물건을 직접 구매하러 오는 곳이었다. 푸드팡이 도매시장을 디지털로 전환하고 물류센터로 만드는 작업에 성공하면 고객은 직접 시장에 발품을 팔러 오지 않아도 될 것이다. 다른 업종에 비해 비교적 정보화 격차가 있는 식당 등 요식업체의 디지털화는 혁신을 통한 고객가치 창출이라는 창업의 기본 목적에 충실한 사례이고, 효과와 파급에서 많은 소상공인들의 불편을 해결해주는 비즈니스모델이라는 측면에서 더욱 빛난다.

푸드팡

Where?	부산
When?	2018년
What?	식당 점주를 위한 식자재 유통 플랫폼
Who?	공경율
Why?	기존 거래 방식의 번거로움을 해결하기 위해
How?	중도매상과 식당을 직거래, 저렴한 가격과 빠른 배송 제공

엔씽:
화성에서도 신선한 야채를

"아무것도 자라지 않는 이 행성에서 3년 치 식량을 재배할 방법을 찾아야 해요." 영화 '마션'의 주인공 와트니가 뱉는 말이다. 와트니는 모래폭풍 때문에 화성에 홀로 고립되고, 동료들이 돌아오기까지 3년이라는 시간을 혼자 생존해야만 했다. 그는 화성의 척박한 토지에 동료들의 분을 비료 삼아 작은 감자를 생산해내기로 한다.

영화의 내용이 현실에서 구현 가능한 것일까? 나사에서는 다른 행성이라도 토지의 화학성분이 지구와 유사하고 물을 얻을 수만 있다면 우리가 먹는 야채들을 실내환경에서 충분히 재배할 수 있다는 연구 결과를 발표했고, 실제로 이를 적극적으로 연구하고 있다. 그런 재배 환경을 쉽게 구현할 수만 있다면 화성에서 작물을 키워 먹는 것도 불가능하지는 않을 것이다.

토마토 농장 경험에서 싹튼 관심

엔씽의 김혜연 대표는 한양대학교 전자통신공학과 재학 중 외삼촌이 운영하는 비닐하우스 자재 회사를 도운 적이 있다. 정확히는 우즈베키스탄에 새로운 비닐하우스 토마토 농장을 짓는 일을 도왔다. 우즈베키스탄은 토마토를 재배하기에는 척박한 환경이었지만, 김 대표는 이때부터 스마트팜의 가능성을 꿈꾸기 시작했다. 최신 IT 기술에 관심이 많았던 김 대표는 해외 시장에서의 농업 개발 경험을 계기로 농업과 첨단기술을 접목한 사업의 가능성을 모색한 것이다.

농업과 기술의 결합에서 모티브를 얻은 김 대표는 2012년 KETI, 전자부품연구원 연구원의 IoT 기술에 대한 블로그 포스팅을 읽고 IoT 기술에 대해 배우고 싶다는 메일을 보냈다. 이후 이야기를 나누다가 KETI의 위촉연구원으로 참여해 개방형 IoT 플랫폼 개발사업을 진행하기도 했다.

2013년 6월, 김 대표는 대학교 창업동아리에서 만난 실력 있는 동료 둘과 함께 구글과 미래창조과학부가 개최한 '글로벌 K 스타트업' 프로그램에 참여한다. 여기서 최우수상과 구글 특별상을 수상하며 4,000만 원의 상금을 거머쥠과 함께, 2014년 이를 기반으로 엔씽을 설립했다.

화분에서 시작한 최첨단 센서 농장

엔씽은 초기에는 대학교의 창업지원금으로 IoT 센서와 IoT 솔루션을 주력으로 한 사업을 시작했다. 센서 기술을 농업에 적용해 작물을 실제로 생산해내는 것에 초점이 맞추어져 있던 것이다. 다양한 제품의 프로토타입을 빠르게 만들어내는 린 스타트업Lean Startup 방식으로 제품을 개발해 100일 만에 만든 첫 제품이 바로 스마트 화분 제품인 플랜티였다.

플랜티의 프로토타입은 스마트 화분의 기본적인 기능만 갖추고 있었다. 모바일 어플리케이션으로 식물의 재배 환경을 확인하고, 적정 주기마다 물을 주는 정도였다. 글로벌 크라우드 펀딩 플랫폼 킥스타터에 시제품을 공개해 10만 달러 펀딩에 성공하기도 했지만, 이를 제외하고는 창업 2년 동안 큰 실적을 보여주지 못했다. 엔씽이 추구하는 방향은 농업 시장의 혁신이었지만, 어느 순간 그저 화분을 만드는 회사가 되어 있었다.

2014년 설립 이후 2016년까지 시드 투자금 약 13억 원을 유치

했지만, 연구개발에 투자를 아끼지 않은 김 대표와 엔씽은 점점 자금이 고갈되어 갔다. 16년도에는 1년이 넘도록 회사에서 숙식을 해결하고 직원들에게 월급을 지급하기 위해 현금 서비스까지 끌어다 쓰기도 했다.

하지만 고생 끝에 낙이 온다고 했던가? 2017년, 엔씽은 컨테이너형 스마트팜인 플랜티 큐브의 개발에 성공한다. 엔씽은 서울 미아동에 플랜티 큐브 3개 동을 설치하고 자사 최초의 스마트팜 솔루션을 실증해 보이고, 시리즈 A 라운드 투자로 25억 원을 유치했다. 2019년에는 경기도 용인에 16동 규모의 플랜티 큐브를 구축해 다양한 작물의 재배 연구 설비와 연 30톤 규모의 채소 생산 능력을 갖추게 되었다.

식품 유통이 아닌 농업 솔루션 공급을 향해

김 대표는 엔씽이 다른 국내 스마트팜 회사와는 다르다고 얘기한다. 엔씽은 IT 기술과 엔지니어링의 기본 개념을 농업에 적용하여 농업생산시설인 농장을 규격화FaaP, Farm as a Product하고, 규격화된 농장의 모듈화로 빠르게 확장하여 도시의 필수 인프라로 구축해, 고객이 원하는 작물을 언제 어디에서나 안정적으로 공급하는FaaS, Farming as a Service 솔루션을 제공한다.

이를 위해 엔씽은 농업에 필수적인 작물 재배, 포장, 배송 기능을 모두 나누어 5개의 컨테이너로 규격화했다. 입구동(입구 방역), 육묘동(씨앗 초기 육성), 재배동(옮겨 심고 성체까지 육성), 작업동(수확, 포장, 세척), 출하동(제품 냉장, 출하)으로 나뉜 컨테이너형 농업 솔루션은 기능성과 확장성을 모두 갖춘 상품이 되었고, 엔씽의 솔루션을 원하는 고객에게 컨테이너를 통째로 배송해 설치할 수 있게 됐다.

플랜티 큐브의 컨테이너 한 동은 약 12.2헥타르의 면적을 차지한다. 그리고 내부 재배 과정은 엔씽에서 개발한 운영체제 '큐브 OS'로 운영된다. 컨테이너 곳곳에 탑재된 센서들이 온도, 관수 상태, 조도, 대기 습도를 비롯해 이산화탄소 농도까지 탐지하며 이를 바탕으로 생육 환경을 최적화하는 한편, 이용자는 스마트폰과 PC로 실시간 농장 정보를 확인할 수 있다. 설치 후에는 정기적인 OS 업데이트를 통해 인건비를 크게 줄이고, 유지보수의 편리성에 솔루션 이용료를 부과하는 형태의 비즈니스모델을 갖추게 되었다.

플랜티 큐브는 '상품으로서의 농업 솔루션'이라는 혁신적 가능성을 인정받아 2020년 개최된 CES 2020에서 스마트 시티 부문 CES 최고 혁신상과 CES 2022에서 지속가능성 및 스마트 에너지 부문에서 CES 혁신상을 수상하며 한국 모듈형 수직농장의 선구자로 떠오르고 있다. 이러한 공로로 엔씽의 김 대표는 2022년 '포니정 영리더상'을 수상했다. 2019년 여름, 아랍에미리트의 수도 아부다비에 기술검증을 위한 플랜티 큐브 8동을 수출한 이후, 2021년

300만 달러 규모 수직농장 수주계약을 성사시켰다. 그런 동시에 엔씽은 약 260억 원 규모의 시리즈 B 투자금을 추가로 유치하며 누적투자유치 320억 원을 달성했고, 향후 5년간 1조 원 이상의 수출을 달성하겠다는 목표를 향해 달려가고 있다. 엔씽은 이에 그치지 않고 스마트팜의 이미지 정립과 제품의 브랜드화를 위해 '식물성 도산'이라는 카페를 압구정에 오픈하기도 했다.

모듈형 농장, 글로벌 무대를 향해

세계적인 팬데믹으로 인해 전 세계 경제가 위축되고 글로벌 공급망이 경직되면서 중동 국가들과 함께 러시아, 싱가포르, 태국과 같은 농산물 해외 의존도가 높은 국가들은 식량 부족 문제에 직면해 있다. 이를 해결하기 위해 농산물 자국 생산 계획을 세우고 적정 기업을 물색하고 있다. 아부다비와 엔씽의 수출 계약도 이러한 국가적 계획의 일환인 셈이다.

엔씽은 이 기회를 놓치지 않았다. 특히 중동국가들은 농산물의 거의 100%를 수입에 의존하고 있기에, 엔씽은 중동 국가들의 '필수' 기업으로 자리 잡고자 한다. 중동국가들은 스마트팜의 오랜 골칫거리였던 운영상의 에너지 비용 문제에도 비교적 자유로워 엔씽에게는 더할 나위 없이 완벽한 조건인 셈이다.

엔씽은 전 세계 최대 규모의 실내농장 기업이라는 원대한 비전을 설정하고 뚜벅뚜벅 전진하고 있다. 작은 화분 하나에서 시작한 글로벌 수준의 스마트팜의 여정은 어디까지 진행될 수 있을까? 더 나아가 향후 화성까지 진출하겠다는 야심 찬 포부를 실현해낼 수 있을까? 토종 애그테크 스타트업 엔씽의 행보가 기대된다.

'기술 기업가정신'으로 진일보하는 엔씽

엔씽의 IT 기술기반의 모듈형 컨테이너 농장은 작은 화분 하나에서 시작했다. 작은 화분은 비즈니스 항해의 물꼬가 되었고, 보다 거대한 비즈니스의 대양으로 헤엄쳐가기 위해서 작은 물꼬에서 기술친화적인 혁신을 꾀했다. 그뿐만 아니라 자신과 같이 기술기반의 기업가정신이 있는 동료를 탐색하여 보다 효율적으로 자원을 활용하고, 기술을 최대한 개발하여 사업을 안정화해갔다. 요컨대 기술기반의 기업가정신은 개인의 기술 친화적 혁신 성향뿐만 아니라, 공동의 목표 달성을 위해 동원되는 기술 협력의 모든 실행을 의미한다고 볼 수 있다.

오늘날, 디지털 전환을 통한 혁신과 4차 산업혁명 기반 기술의 무궁무진한 가능성은 언제나 뜨거운 화두이다. 창업가에게는 기술 기반의 기업가정신을 통해 새로운 사업 기회를 포착하기 위한 기술적 속성을 이해하고, 창의적으로 응용할 수 있는 역량이 중요하다. 엔씽은 화분 하나에서 시작해 다양한 기술을 응용하고 농업 솔루션 모듈의 표준을 확립하며 한국형 팜 서비스 시장을 개척해가고 있다. 기술 기업가정신으로 지속가능한 혁신의 순환 고리와 스마트팜의 새로운 표준을 만들기를 기원한다.

엔씽

Where?	서울
When?	2014년
What?	ICT 기술을 접목한 컨테이너형 첨단 스마트 농장
Who?	김혜연
Why?	스마트팜 기술을 활용, 언제 어디서나 안전한 농산물을 생산하기 위해
How?	재배시설의 기능별 자동화&모듈화를 통한 팜 서비스 구현

해녀의부엌:
제주의 가치를 담은 로컬푸드 레스토랑

제주에서 나고 자란 해녀의부엌 김하원 대표는 한국예술종합학교 연극과 출신으로 배우의 삶을 꿈꾸고 있었다. 대대로 해녀 집안에서 자란 김 대표는 방학 때 제주에 내려왔다가 집안 어르신들께 해녀들이 채취한 해산물 가격이 급락해 어려움이 많다는 이야기를 전해 들었다. 당시 제주의 대표적 수산물인 뿔소라가 1kg에 2,700원 정도였는데, 수출감소와 판로 개척의 어려움으로 20년 전과 같은 가격이라는 데에 충격을 받고 이 문제를 개선할 방법을 찾기 시작했다. 해녀의 삶을 누구보다 가까이에서 봐왔던 김 대표에게는 이 문제가 단순히 수산물 가격의 문제가 아닌, 고향 마을과 제주 여성의 삶에 대한 아픔으로 다가왔다고 한다.

그녀는 어떻게 하면 제주 해녀 문화를 잘 알릴 수 있을지, 제주 해산물이 더 높은 가치를 인정받을 수 있을지에 대한 고민으로 이어졌다. 그러던 중 김 대표는 연기라는 자신의 전공을 떠올리게 되었고, 실제 해녀들과 함께 연극을 만들며 제주 해산물을 판매할 아이디어를 떠올리게 되었다. 김 대표는 한예종 동기, 선배들과 함께 30년 넘게 버려진 창고에서 공연을 해보기로 했다. 그러나 고령의 해녀들이 연극을 해보자는 아이디어를 달갑게 받아들일 리 없었다. 김 대표는 백 번의 말보다 한 번이라도 공연을 보여주는 게 낫다고 생각했고, 하루만 공간을 빌려달라고 사정해 마을 분들을 모아 연극을 보여주었다. 부끄럽게만 생각했던 자신들의 삶을 영웅적으로 묘사한 연극을 보고 해녀 어르신들은 감동하고 또 눈물을 흘렸다. 덕분에 해녀들의 마음이 움직였고, 이로써 해녀의부엌이 만들어질 수 있었다.

방치된 어촌계 창고가 공연장이자 레스토랑으로

김 대표는 자신의 고향 마을인 구좌읍 종달리에 있는 낡은 어판장을 개조해서 공연장과 함께 다이닝 레스토랑을 만들었다. 외양은 창고 같은 본래의 모습을 유지했지만 문을 열고 들어가면 여느

레스토랑 못지않은 깔끔한 실내가 펼쳐지도록 구성했다. 그리고 공연을 위한 최신 음향, 조명 장비와 더불어 레스토랑 곳곳에 실제 해녀들이 사용한 소품들을 배치해 현재와 과거가 뒤섞인 독특한 공간을 연출했다. 이렇게 마련된 공간에서 이루어지는 공연은 단순히 식사만을 위한 시간이 아닌, 손님들에게 다채로운 경험을 제공하는 의미 있는 시간으로 다가갔다.

점심과 저녁 두 차례에 걸쳐 진행되는 100% 예약제인 공연 관람은 식사 이상의 색다른 체험을 제공하고, 공연이 끝난 뒤 손님들은 해녀와 소통하는 시간을 가지며, 식재료를 직접 공급한 해녀들의 안내에 따라 식사에 관한 스토리도 전해 들을 수 있다.

해녀의부엌 다이닝 메뉴는 제주 해녀들이 평소 채취하는 해산물을 중심으로 차려진다. 손님들은 5만 9,000원만 지불하면 〈해녀 이야기〉 공연과 토크쇼, 식사를 모두 즐길 수 있으며, 2021년 3월부터는 〈부엌 이야기〉라는 새로운 공연이 추가되어 해당 공연과 1인 한상차림 식사를 4만 9,000원에 제공하고 있다.

식사와 공연의 패키지 구성은 곧 큰 인기를 끌었다. 이런 구성은 보통 특급호텔 등에서 고가로 제공되던 극장식 레스토랑에 한정되어 있었는데, 해녀의부엌은 제주만의 콘텐츠를 해녀 이야기로 구성해 고객들의 입맛과 마음을 사로잡은 것이다.

해녀들의 노력이 정당한 보상을 받지 못한다는 문제의식에서 출발한 만큼 해녀의부엌은 제주에 특화된 해산물이 하나의 브랜드로서 자리 잡아갈 수 있도록 여러 가지 노력을 기울이고 있다. 우선 해녀의부엌은 '뿔소라를 세계인의 식탁으로'라는 슬로건을 가지고 해녀들의 경제적 자립을 목표로 삼았다. 해산물을 통조림으로 상품화하는 공정을 거치고, 제주 해산물의 부가가치를 높이는 각종 체험활동과 해산물 레시피 개발을 더욱더 활발히 해나가겠다는 포부를 밝혔다. 그러한 성과 중 하나로 뿔소라 1kg당 5,000원의 최저가 보장제도가 만들어지기도 했는데, 이는 해녀의부엌뿐만 아니라, 이들의 노력을 지켜본 제주도의 관심도 한몫하였다. 제주도를 가치를 드높이려는 이들의 노력은 결국 빛을 발휘하여 지역가치 창업 최우수 스타트업, 청년벤처기업인상을 수상하기도 했다.

해녀의부엌이 가지는 가장 큰 경쟁력과 가치는 판매하는 제품에 생산자의 삶이 담겼다는 점을 꼽을 수 있다. 내가 먹는 식재료 하나하나에 해녀들의 삶과 이야기가 녹아 있고, 이들의 이야기를 공연을 보고 들으면서 또 맛보는 식사 시간은 관람객들에게 생산자와 직접 연결되고 있다는 느낌을 받게 한다. 또한 해녀의부엌은 그동안 관광자원으로 개발되지 않았던 '해녀'라는 문화를 활용하여 지역주민과 상생하는 체험형 공간을 만들고, 우리가 평소 놓치고 있는 전통문화를 새로운 비즈니스로 승화했다는 데 큰 의미가 있다. 아울러, 팔릴 것을 생산하는 것이 아니라 일단 생산한 뒤 판매를 고민하는 농어촌의 관행을 타파하고, 생산과 가공 그리고 체험 및 판매까지 아우르는 6차 산업구조로 비즈니스를 모델링하여 자신들의 디지털 역량과 예술적 감각을 실행으로 옮긴 기업가정신이 탁월하다.

제주를 대표하는 '온리원' 기업이 되기 위한 노력

해녀의부엌에는 김 대표를 비롯한 청년 12명과 해녀 12명이 일하고 있다. 해녀들은 50살부터 91살 다양한 연령대를 이루는데, 연극에 출연하기도 하지만 해녀라는 본업을 그대로 유지하고 있다. 해녀의부엌은 세대를 뛰어넘어 제주 해녀와 제주 해산물을 알리고, 나아가 제주를 대표하는 푸드 플랫폼 기업이 되고자 하는 포부를 가지고 있다. 2021년 11월에는 본점 오픈한 지 2년 만에 또 다른 매력의 미디어아트 레스토랑 2호점을 북촌리에 오픈했다. 비즈니스 아이디어를 뉴욕에서 영감을 받았다는 김 대표는 미국 뉴욕에서의 런칭으로 제주 해녀의 삶을 전세계에 알리기 위한 계획을 세우고 있다

또한 해녀의부엌은 인근 지역에서 채취한 해산물의 대부분을 소

화하고 있어 지역주민들에게도 큰 환영을 받을 뿐 아니라 제주 종달리 해녀들의 노동 가치를 높이기 위해 해산물을 시가보다 20% 이상 비싼 가격에 매입하고, 부득이하게 제주의 다른 지역에서 해산물을 구매할 때에도 입찰가에서 30% 이상 웃돈을 주고 구매하는 방침을 꾸준히 유지하고 있다. 그리고 점차 해녀의부엌에 직접 들러 상품을 구매하고 싶어 하는 고객들이 늘어나면서 자연스럽게 주변의 상권이 활성화되는 등 뜻하지 않은 효과도 생겼다. 이러한 노력 끝에 해녀의부엌은 이미 제주 종달리를 대표하는 기업이 되었다는 평가를 받고 있지만, 여기서 그치지 않고 제주를 대표하는 기업이 되기 위해 끊임없이 노력할 계획이다.

해녀의부엌

Where?	제주
When?	2019년
What?	제주 해녀를 테마로 한 감성 다이닝
Who?	김하원
Why?	제주 해산물의 가치를 높이고 해녀 문화를 보존하기 위해
How?	해녀 관련 연극을 공연하는 극장형 레스토랑과 온라인 스토어 운영

상하농원:
농촌에 새바람을 불러온 6차 산업의 선두주자

우리는 매일 식사를 하면서도 지금 먹고 있는 음식의 재료들이 어떻게 자라고, 또 어떤 경로를 통해 우리 앞에 놓이게 되는지는 잘 모른다. 그 원인은 점점 더 우리의 식습관이 외식문화와 배달음식으로 보편화 되고, 간편식으로 끼니를 때우는 경우가 많아지기 때문이다. 더욱이 도시에서 태어난 아이들은 어릴 때부터 주식인 쌀을 비롯하여 채소와 육류까지 모두 마트에서 깔끔하게 진열된 상품만을 보고 자라니 더더욱 먹거리의 여정을 이해하기 어려울 수밖에 없다.

이러한 문제의식을 안고 농축산물 생산과 유통, 그리고 직접 재배를 통한 힐링 체험까지 접목한 획기적인 아이디어의 농업 스타트업이 등장해 주목을 받고 있다. 그 주인공은 바로 상하농원과 류영기 대표이다. 상하농원은 전라북도 고창군 상하면에 위치하는 약 10헥타르의 대지에 조성된 농촌 테마파크이다. 매일유업과 고창군, 농림축산식품부 공동 투자의 상하농원은 건축과 미술, 조경 분야 등 각계 전문가들이 8년간의 기획과 공사단계를 거친 대규모 프로젝트 농장으로 2016년에 첫 문을 열었다.

류 대표는 국내를 대표하는 식품 제조업체 풀무원에 공채 1기로 입사해 약 30년간 몸담았다. 풀무원 재직 기간 동안 다양한 유기농 제품을 접할 기회가 많았던 그는 회사에 다니는 동안에도 발효공학 석사와 생명공학 박사 학위를 취득하는 등 식품산업 분야에서 최고 전문가가 되기 위한 행보를 밟아왔다. 류 대표는 풀무원의 부사장직까지 오른 후 두 번째 인생을 시작하는 마음으로 상하농원 대표직을 맡게 되었다고 한다.

농촌 융·복합 종합 산업, 6차 산업

앞에서 이야기 했듯이 '6차 산업'이란 1차 산업인 농업, 목축업, 수산업과 2차 산업인 제조업, 가공업 그리고 3차 산업인 서비스업과 판매업, 관광업 등이 모두 융합된 형태(1차×2차×3차=6차)의 산업구조를 의미한다. 이렇게 새롭게 탄생한 산업구조를 통해 해당 지역의 농산물 재배부터 식품의 가공과 서비스, 그리고 유통까지 종합적으로 이뤄지는 시스템을 구축할 수 있다.

따라서 6차 산업을 잘 활용할 수만 있다면 기존의 파편화된 1, 2, 3차 산업에서 기대하기 어렵던 새로운 부가가치를 확보할 수 있다. 이를테면 특수한 자연환경 등의 이점을 활용한 그 고장만의 차별화된 먹거리를 활용할 수 있거나 그 파급효과로 농가소득을 올려 해당 지역의 고용 창출까지 기대할 수 있는 것이다. 실제로 상하농원 역시 농원 내부에는 파머스 마켓이라는 식료품 판매 매장을 운영하고 있는데, 여기서 고창군의 농민들은 소시지, 유정란, 치즈 등 현지 제품을 판매하고 있다.

농림축산식품부에서도 6차 산업에서 파생되는 지역 경제 활성화 가치를 더욱 극대화하기 위해 연관된 정책을 추진하고 있다. 그 일환으로 2017년에 '농촌 융·복합산업 육성 및 지원에 관한 법률'이 제정되었고 전국 곳곳에는 산업 지원센터가 구축되어 '농촌 융·복합산업 인증제도' 지원과 함께 창업 관련 자금과 컨설팅 혜택이 제공되고 있다. 이처럼 6차 산업은 사업체와 정부가 협력하여 도시에서 방문하는 사람들이 농촌의 일상 속에서 새로운 경험들을 얻을 수 있게 한다.

　류영기 대표는 상하농원을 여타 농촌체험프로그램이나 일반 농장과는 차별화된 공간으로 구성하기 위해 다방면으로 애썼다. 상하농원만의 특색은 무엇일까? 가장 먼저 눈에 띄는 부분은 광활한 자연환경과 잘 어울리는 건축 디자인이다. 상하농원 공사의 총괄 기획을 맡은 아트디렉터 김범 작가는 친환경 재료를 배합하여 주변의 경관과 어울리는 공간을 만들기 위해 여러 요소를 고려했다. 김 작가가 추구한 콘셉트는 '현대인이 잃어버린 고향 마을'이었고, 갑갑한 도시를 떠나 사람들이 넓은 마을 속에서 편히 쉴 수 있는 공간을 조성하고자 했다. 그의 남다른 기획력 덕분에 상하농원은 자연과 마을, 사람이 건강하게 공존하는 장소로 태어났을 뿐만 아니라, 풍경이 이국적이고 아름다워 결혼을 앞둔 커플들에게는 웨딩사진을 남기는 곳으로도 입소문이 자자하다고 한다.

　농장 내부에는 여러 건축물이 있지만 가장 높은 곳에 있는 호텔 파머스 빌리지는 친환경적으로 지어진 투숙공간으로, 건축물 자재부터 호텔 내부의 소모품 하나하나에 공들인 흔적을 엿볼 수 있다. 건축 자재로는 편백나무와 삼나무 등의 목재와 자연석이 사용되었고, 투숙객에게 '자연 속의 휴식'이라는 메시지를 전달하고자 휴지걸이 하나까지도 나무로 디자인을 해 작은 디테일이라도 꼼꼼하게 공들였다는 점이 돋보인다. 창문도 한국 전통의 창호 형식으로 구성하고 한옥 평상 마루를 놓으며 한국의 전통문화가 자연스럽게 스며들도록 기획했다.

호텔에서 조식 등 식음료를 즐기는 공간인 파머스 테이블의 메뉴는 상하농원과 고창 지역에서 생산되는 신선한 농작물로 만들어 투숙객들에게 인기가 좋다. 또한 류 대표는 투숙객이 아닌 방문객들도 파머스 테이블을 즐길 수 있도록 샐러드와 빵, 요거트를 비롯한 서양식과 밥과 나물, 고기, 버섯 등으로 구성된 한식 식단의 가격을 모두 1만 5,000원으로 책정하고, 식사비에 상하농원 입장료 8,000원을 포함시켰다. 이로써 이용객들은 7,000원의 저렴한 비용으로 맛있는 한 끼 식사를 즐긴 후에 농원 내부를 자유롭게 관람할 수 있게 되었다.

그밖에도 호텔 밖을 나서면 농원 곳곳에 여러 주제의 공방이 있다. 가령 발효 공방에서는 건강한 빵과 소시지, 된장을 비롯한 장류 식품이 들어간 음식을 맛보고 만드는 체험프로그램이 운영된다. 또한 점차 사라지고 있는 전통적인 김장 문화를 알려주기 위한 김장 프로그램도 마련되어 있어 젊은 부부들과 아이들을 중심으로 한 가족 단위의 참여가 활발하다고 한다.

상하농원의 철학, 자연과의 공존과 상생

상하농원은 '공동체'라는 단어를 염두에 두며 설계되었다. 매일유업의 설립 철학이 '하나의 공동체 공간에서 건강한 먹거리의 생산과 가공, 그리고 판매와 유통까지 이어지는 유기적인 시스템을 조성하는 것'이었기에 상하농원에 더욱 큰 의미가 있다고 할 수 있다. 또한 방문객에게 제공하는 모든 프로그램도 공통적으로 사람과 자연, 동물이 공존하며 세상을 구성한다는 메시지를 전한다.

가령 양떼와 젖소 목장, 토끼와 닭을 기르는 동물농장에서는 가축들에게 먹이를 주고 관찰하는 시간 이외에 세심하게 배려된 상하농원만의 철학이 깃들여져 있다. 여느 목장보다도 넓은 축사와 높은 천장이 단연 눈에 띄는데, 이는 가축의 위생과 건강한 환경을 최우선으로 구현한다는 상하농원의 의지를 나타낸다. 더불어 인간의 편의만을 고려하지 않고 가축의 생활리듬을 최대한 존중하면서 방문객들을 허용한다는 점이 인상 깊다. 이처럼 분업화된 현대 사회 속에서 사람들이 자연에서의 시간과 그 소중함을 망각하기 쉬워졌지만, 바로 이곳 상하농원에서는 그것을 실현하기 위한 시도를 다방면으로 지속하고 있다.

상하농원의 사업 규모는 놀라운 속도로 팽창하고 있다. 2020년부터 시작된 팬데믹 사태에도 불구하고 매출은 오히려 이전 대비 15% 가량 증가했다. 2020년 기준 상하농원을 방문객은 18만 명으로 집계되었으며, 아마도 그 배경으로 어려워진 해외여행과 마스크 착용 없이도 시원하게 숨 쉴 수 있었던 예전 일상에의 그리움이 적잖이 작용한 것으로 판단된다. 농장이 문을 연 지 6년 차인 2021년에는 매출액 265억 원과 사원 수 145명을 기록하며 우리나라의 6차 산업을 활성화시키는 데 크게 기여했다. 또한 2020년 기준 전체 직원의 85%가 고창군민으로, 지자체의 신뢰와 협력을 기반으로 함께 성장하고 있다. 앞으로 상하농원은 농원에 전시관과 미술관을 증축할 예정이고 6차산업과 관련된 교육시설과 농촌학교 등 전문적인 프로그램을 마련하여 농촌 인재를 양성할 계획이다.

또 다른 6차 산업의 대표 선수들

6차 산업이 새로운 트렌드로 자리 잡아가면서 상하농원 외에도 다양한 6차 산업 우수 사례를 찾아볼 수 있다. '농사로' 홈페이지에서 6차 산업 우수경영체로 선정된 100곳의 명단과 자세한 스토리를 살펴볼 수 있는데, 영천와인 영농조합법인은 국내 최대 포도 주산지인 경북 영천지역의 20여 농가가 연합해 만들어진 곳이다. 연매출은 24억 원 정도이며, 포도를 재배하고 와인을 생산하면서도 다양한 체험프로그램을 운영해 방문객들의 큰 호응과 함께 지역경제 활성화에도 이바지하고 있다.

또한, 보은황토사과 발전협의회는 약 80억 원의 연 매출을 올리며 사과 재배 기술을 개발하는 한편, 사과나무 체험학교를 운영하고 사과농장에 전통문화를 접목한 콘셉트를 만들어가기 위해 노력 중이다. 이밖에도 연 매출 30억 원의 게으른농부 영농조합법인과 연 매출 428억 원의 서천군 농협 쌀 조합 공동사업법인도 대표적인 6차 산업 우수사례이다. 이처럼 농업에 대한 기존의 관점을 변화시켜 나가고 지역이 가진 자원과 개성을 십분 활용하여 혁신을 현실화시켜가는 6차 산업 경영체들의 다양한 성과가 더욱 기대된다.

상하농원

Where?	전북, 고창
When?	2016년
What?	6차 산업형 체험 농장
Who?	매일유업, 고창군
Why?	농축산물이 자연 속에서 자라는 과정을 직접 눈으로 보고 체험할 수 있도록 하기 위해
How?	농촌 테마파크 조성과 다양한 체험프로그램 운영

상상은 현실이 되는 중

청양고추를 LA에 심으면 피망이 된다는 말이 있다. 같은 종자를 심어도 생육환경을 맞추지 못하면 맛과 형태와 질감 모두 달라질 수 있다는 뜻이다. 이제는 빛과 온·습도, CO_2 농도, 토양 성분, 수분 함량 등 작물별 최적의 생육 조건을 세팅하면 인공지능이 기계학습을 통해 생육 조건을 최적화한다. 빛의 파장 등 변수를 조절하여 작물의 당도, 질감, 색깔을 고객별 기호에 따라 맞춤형으로 재배할 수도 있다. 바야흐로 온디맨드 농업의 시대가 열린 것이다.

최근 우리나라 딸기가 동남아에서 선풍적인 인기를 끌고 있다고 한다. 이런 한국 딸기를 싱가포르, 홍콩 등 현지에서 직접 생산할 날도 머지않아 보인다. 미숙 상태로 수확하여 비싼 비행기를 태울 필요가 없어질 것이라는 말이다. 농업도 반도체나 자동차처럼 생산시설을 시장 가까이에 배치해 물류비용을 절감하고, 관세를 부과하지 않아도 되는 날이 코앞에 있다. 그렇게 되면 인삼, 한라봉, 나주 배의 형태나 맛을 국내산과 온전히 같게 두바이나 파리에서 생산할 수도 있을 것이다. 물론 이럴수록 축적된 기술과 데이터의 중요성은 몇 번을 강조해도 부족할 정도이다.

자율주행 로봇이 잡초를 제거하거나 비료를 뿌릴 뿐 아니라 사과, 토마토, 포도, 고추 등을 밤새 수확하고 선별하여 포장 후 트럭에 상차까지 자동으로 처리한다. 대체식품의 범주는 소고기, 닭고기 등을 넘어 우유, 계란 심지어 참치, 갑각류에 이르기까지 그 한계를 모르고 확장되는 중이다. 예측기관의 분석대로 2040년 대체육의 소비가 기존 육류를 넘어설 것이라면, 이 시장을 선점하기 위한 기업들의 질주는 이미 시작되었다고 해도 과언이 아니다. 넥타이 맨 농부가 9 to 6 정시 출퇴근 하는 날도 조만간 올 것이다.

지금 당장의 현재와 곧 다가올 미래 모습을 가벼이 상상해 보았지만, 이제는 정말 코앞에 닥친 내일이라는 생각이 먼저 든다. 기술혁신 덕에 기존 산업의 범주가 무너지고, 위기이자 기회의 순간이 코앞에 놓인 지금, 창업을 준비하거나 새로운 투자처를 발굴하는 이들에게 필요한 것은 이제 새로운 상상력이다.

성장의 원동력은 욕망과 열정

10년째 맡고 있는 교양수업이 있다. 180명의 학생이 듣는 '스타트업 토크콘서트'라는 과목인데, 예비창업자에게 필요한 소양과 역량 그리고 올바른 기업가적 태도를 배양하는 것을 목표로 한다. 전체 16주 중 절반은 강의식으로, 남은 절반은 또래 CEO 특강으로 운영하는데, 특강 초청자는 이 수업에서 배출된 창업가 중 연배가 비슷한 또래 창업자들로 제한한다. 수업을 듣는 학생들에게 성공사례를 눈앞에 보여주며 성공을 향한 욕망을 자극하고, 경쟁심을 유발할 때 그 열정이 배가 된다고 믿기 때문이다. 비슷한 학번의 스타트업 대표가 수십 명의 직원들과 함께 꿈을 실현해가는 얘기를 하면 학생들은 자세를 고쳐 앉고, 그 이야기에 빠져들 것처럼 몰두한다.

이는 비단 학교 강의만의 이야기에 국한되지 않는다. 우리나라의 역량 있는 예비창업자나 새로운 투자처를 탐색하는 투자자가 가능성이 무한한 팜 비즈니스의 세계에 주목하게 하려면, 팜 비즈니스의 성공사례를 보여 주며 그들의 욕망과 열정을 자극해야 한다. 이를 통해 유능한 청년들이 기업가정신을 발휘해 새 시대의 비즈니스에 과감히 뛰어들 수 있도록, 그리고 새로운 성장 산업을 찾아 헤매는 투자자들이 확신을 가지고 베팅할 수 있도록 팜 비즈니스의 청사진을 보여주고 지원해야 한다는 말이다.

농민을 보호한다는 정치적 명분 아래 현상 유지와 버티기가 만연한 이상 우리나라의 농업은 혁신이 일어날 수 없다. 농업을 비즈니스로 인식하는 문화가 형성되어야 한다. 미국, 이스라엘, 네덜란드를 비롯한 나라들처럼 기업형 애그테크 기업들이 비즈니스 마인드로 산업을 리드할 수 있도록 마중물을 부어줄 용기가 필요하다.

산업의 성장을 뒷받침할 지원의 필요성

창업이란 종합예술이다. 성공적인 창업을 위해서는 훈련과 준비가 필요하고, 일종의 족보와 루틴을 학습해야 한다. 어깨너머로 배운 것만으로 창업했다가는 열이면 열 모두 낭패를 본다. 특히 팜 비즈니스는 기술만 있다고 되는 것이 아니다. 업의 본질인 농업에 기술이 적용되는 현장을 이해할 수 있는 안목 또한 중요하다. 이러한 안목을 키우려면 체계적이고 전문적인 창업교육이 필요하다. 아는 만큼 보이기 때문이다. 하지만 우리나라에는 일반 창업교육 기관은 많으나 팜 비즈니스를 중심으로 하는 체계적이고 전문적으로 교육 기관이 거의 없다. 타 산업에서 경영 역량이 검증된 기업가나 글로벌 비즈니스 안목이 있는 상비군들도 농업벤처 창업 방향을 공부하고 훈련할 교육 프로그램이 필요하다.

미국이나 캐나다처럼 농업벤처 창업으로 성공 경험을 보유한 창업가가 주축이 된 전문 엑셀러레이터의 육성도 필요하다. 자본 지원은 물론 선배 기업가들의 성공 경험과 지혜를 전수하고 밀착 트레이닝을 맡을 수 있는 농업벤처 전문 육성기관이 필요한 시점인 것이다. 아울러, 대학생 등 청년들에게 농업벤처 창업의 가능성을 홍보하고 관심을 유도하기 위한 창업경진대회도 다양화하고, 대학 등 연구실에서 개발되는 많은 연구 성과물들이 농업벤처 부문과 접목되어 비즈니스로 결실을 맺도록 힘써야 한다.

맺음말 원고를 쓰다 보니 시원하기도 하지만 아쉬움이 더 많다. 초심으로 돌아가 보면, 우리나라 청년들의 창업 아이템 대상군에서 소외된, 그러나 기회가 더 많은 산업에 대한 안목을 키워주기 위해 시작한 비즈니스모델 연구가 시작이었다. 농업, 헬스, 핀테크, 예술…. 개인적인 웹 페이지에 첫 번째 대상 산업인 농업벤처 성공 사례를 한 달에 두 편씩 약 3년간 60편을 연재해 오면서 과연 이 방법이 맞는지에 대한 고민을 해오고 있었다. 그러던 중 샘앤파커스 박시형 회장님을 만나 의기투합한 것이 이 책의 출간으로 이어졌다. 부족한 내용이지만 초심의 목표가 조금이나마 달성되기를 바란다.

마지막으로 당부의 말씀을 전하고자 한다. 기업, 그중에서도 스타트업의 흥망성쇠는 책이라는 매체에 담기가 민망할 정도로 빠르게 변화한다. 지금 이렇게 책을 마무리하고 있는 와중에도 산업의 지형과 각 기업의 역할과 위상이 실시간으로 변하고 있을 것이다. 그래서 이 책에 담긴 기업들의 사례는 독자가 이 책을 읽을 시점의 현황과 꽤 다를 수 있다. 10배 아니 100배로 성장해 있는 기업도 있을 것이고, 심지어 폐업하여 인터넷 검색창에서 검색이 되지 않는 기업도 있을지 모른다. 그런데도 이런 사례들을 언급한 까닭은 여러 번 이야기했듯, 팜 비즈니스가 지향할 수 있는 가능성이 어떻게 실현될 수 있는지의 실전 사례를 최대한 다양하게 보여주고자 했기 때문이다.

더불어 이 책의 콘셉트가 이러했기에 실질적인 창업 프로세스 등의 내용은 모두 담지 못했다. 이 숙제는 좀 더 알찬 내용으로 다음 기회에 해소하고자 한다.

국민농업포럼(2016), 「미래유망산업 농업에 진출하는 기업사례 분석」, 농촌진흥청

국회도서관(2020), 「스타트업 육성 정책(Fact Book 2020-4호·통권 제 80호)」, 국회도서관

김배성, 김태균, 김태영, 백승우, 신용광, 안동환, 유찬주, 정원호(2017), 「스마트시대 농업 경영학」, 박영사

김병률, 이명기, 허정회, 송성환(2018), 「농업·농촌 분야 4차 산업혁명 기술 적용 현황과 확대 방안」, 한국농촌경제연구원

김연중, 강창용, 이명기, 박영구, 박지연, 추성민(2018), 「제4차산업혁명 시대의 농업·농촌 대응전략 연구 (1/2차년도)」, 한국농촌경제연구원

김연중, 서대석, 박지연, 추성민(2019), 「제4차산업혁명 시대의 농업·농촌 대응전략 연구 (2/2차년도)」, 한국농촌경제연구원

김진흥(2018), 「농업이 미래다 (땅과 사람을 살리는 두레마을 이야기)」, 한샘

김철수, 김재후, 고은이, 강진규, 홍선표(2019), 「한국의 젊은 부자 농부들 리치 파머」, 한국경제신문

남상일(2017), 「농업은 미래성장 산업인가」, 렛츠북

농림식품기술기획평가원(2021), 「이머징 산업 2020 - 국내외 농업분야 기술이슈 리뷰」

농림식품기술기획평가원(2021), 「대체육 글로벌 동향」, Issue Report

데이비드 트레시(2012), 「도시농업: 도시 농업이 도시의 미래를 바꾼다」 (심우경, 허선혜 옮김), 미세움

마상진, 김경인(2017), 「청년 영농창업 활성화를 위한 지원 프로그램 개발」, 농림축산식품부

매일경제 아그리젠토 코리아 프로젝트팀(2010), 「첨단농업 부국의 길」, 매일경제신문사

박영일(2019), 「농업은 농사가 아니다. 미래산업이다!」, 백산출판사

박지연, 김연중, 최진용(2016), 「과학기술 기반 농식품 벤처창업 촉진 방안」, 한국농촌경제연구원

박현출(2020), 「농업의 힘」, Hncom

비피기술거래(2017), 「국내외 스마트농업 산업동향 분석 보고서」, 비티타임즈

삼정KPMG 경제연구원(2020), 「스마트 농업과 변화하는 비즈니스 생태계(Issue Monitor 제125호)」, 삼정KPMG

삼정KPMG 경제연구원(2022), 「미래 먹거리로 주목받는 대체식품과 투자 동향」, 삼정KPMG

서대석, 김연중, 김의준(2020), 「농업 경쟁력 제고를 위한 정밀농업 체계 구축 방안」, 한국농촌경제연구원

송미령, 성주인, 김광선, 정도채, 한이철(2020), 「귀농·귀촌 인구이동 동향과 시사점」, 한국농촌경제연구원

시오미 나오키(2015), 「반농반X의 삶」 (노경아 옮김), 더숲

이암허브(2017), 「일자리 창출수단으로서의 농식품 분야 벤처창업 활성화를 위한 전주기적 지원체계 구축방안」, 농림축산식품부

이용기(2012), 「한국 농업 길을 묻다」, 푸른길

이우진, 김종철, 김가영, 엄승권, 박경태(2017), 「벤처창업 지원정책 현황 및 성과분석」, 정보통신정책연구원

이정민, 김용렬, 김창호, 우성휘(2019), 「양봉산업의 위기와 시사점」, 한국농촌경제연구원

이주량(2017), 「4차 산업혁명과 미래 농업(세계농업 제200호)」, 한국농촌경제연구원

이주량, 추수진, 임영훈, 박동배, 심성철, 김가은(2018), 「스마트농업 현장 착근을 위한 기술정책 제고 방안」, 과학기술정책연구원.

이효원(2020), 「제3의 녹색 혁명」, 에피스테메

정도채, 김용렬, 서형주, 김정승, 정유리(2020), 「농촌의 창업 활동 특성과 성장 요인 연구」, 한국농촌경제연구원

주종문(2021), 「실내농장 Indoor Farm 미래농업에 대한 이야기들」, 좋은땅

지현근(2020), 「배양육 연구동향: Beyond the BEYOND MEAT」, BRIC View

한국기업데이터㈜(2021), 「정밀농업」, 한국IR협의회

한국농촌경제연구원(2021), 「농업전망 2021 (Ⅰ): 코로나19 이후 농업·농촌의 변화와
　　미래」, 한국농촌경제연구원

한국산업은행(2018), 「해외 액셀러레이터 기관 사례분석 및 시사점」, 산은조사월보

한국식량안보연구재단(2018), 「4차산업혁명과 식량산업」, 한국식량안보연구재단

IRS Global(2016), 「IoT 기반 스마트농업·스마트팜 국내외 시장전망과 핵심기술 개발
　　동향」

R&D정보센터(2017), 「스마트농업 국내외 기술개발 동향과 차세대 식물공장/축산분야
　　R&D전략」, 지식산업정보원

AgFunder(2020), 「2020 FarmTech Investing Report」

AgFunder(2021/2022/2023), 「AgriFoodTech Investment Report」

Amedzro St-Hilaire, W.(2018), 「The Multi-Level Perspectives of Agribusiness」,
　　World Scientific

Ben Hartman(2015), 「The Lean Farm」, Chelsea Green

Food and Agriculture Organization of the United Nations(2017), 「The Future of
　　Food and Agriculture: Trends and Challenges」

Farmers, U. S. Ranchers in Action(2021), 「Transformative investment in cli-
　　mate-smart agriculture—unlocking the potential of our soils to help the
　　US achieve a net-zero economy」

Forrest Pritchard, Ellen Polishuk(2018), 「Start Your Farm」, The Experiment.

Julie C. Dawson, Alfonso Morales(2016), 「Cities of Farmers」, Iowa

Kalaitzandonakes, N., Carayannis, E. G., Grigoroudis, E., & Rozakis, S.(2018),
　　「From agriscience to agribusiness」, Springer

Pingali, P., & Serraj, R.(2018), 「Agriculture & Food Systems to 2050: Global
　　Trends, Challenges and Opportunities」, World Scientific

Santos Valle, s. & Kienzle, J.(2020), 「Agriculture 4.0 - Agricultural robotics and automated equipment for sustainable crop production。 Food and Agriculture Organization of the United Nations

Shane, S. A.(2003), 「A general theory of entrepreneurship: The individual−opportunity nexus」 Edward Elgar Publishing

Tarnanidis, T., Vlachopoulou, M., & Papathanasiou, J. (Eds.).(2017), 「Driving Agribusiness With Technology Innovations」 IGI Global

Toyoki Kozai(2018), 「Smart Plant Factory」 Springer

Zhang, Q. (Ed.).(2018), 「Automation in Tree Fruit Production: Principles and Practice」 Cabi

Casson, M., & Wadeson, N.(2007), The discovery of opportunities: Extending the economic theory of the entrepreneur. Small Business Economics, 28, 285−300

Foss, N. J., & Klein, P. G.(2005), Entrepreneurship and the economic theory of the firm: any gains from trade? (pp. 55−80), Springer US

Palich, L. E., & Bagby, D. R.(1995), Using cognitive theory to explain entrepreneurial risk−taking: Challenging conventional wisdom, Journal of business venturing, 10(6), 425−438

Sarasvathy, S. D.(2001), Causation and effectuation: Toward a theoretical shift from economic inevitability to entrepreneurial contingency, Academy of management Review, 26(2), 243−263

Schuh, G., Anderl, R., Gausemeier, J., Ten Hompel, M., & Wahlster, W. (Eds.).(2017), Industrie 4.0 Maturity Index. Managing the Digital Transformation of Companies, Herbert Utz Verlag

Stinchcombe, A. L.(2000), Social structure and organizations. In Economics meets sociology in strategic management(Vol. 17, pp. 229−259), Emerald Group Publishing Limited

Yablonsky, S.(2018), A multidimensional framework for digital platform innovation and management: from business to technological platforms, Systems Research and Behavioral Science, 35(4), 485−501

Zott, C., Amit, R., & Massa, L.(2011), The business model: recent developments and future research, Journal of management, 37(4), 1019−1042

인류 최후의 블루오션 팜 비즈니스

2023년 4월 12일 초판 1쇄 | 2023년 5월 2일 3쇄 발행

지은이 류창완
펴낸이 박시형, 최세현

책임편집 박현조 **디자인** 임동렬
마케팅 권금숙, 양근모, 양봉호, 이주형 **온라인마케팅** 신하은, 현나래
디지털콘텐츠 김명래, 최은정, 김혜정 **해외기획** 우정민, 배혜림
경영지원 홍성택, 김현우, 강신우 **제작** 이진영
펴낸곳 (주)쌤앤파커스 **출판신고** 2006년 9월 25일 제406-2006-000210호
주소 서울시 마포구 월드컵북로 396 누리꿈스퀘어 비즈니스타워 18층
전화 02-6712-9800 **팩스** 02-6712-9810 **이메일** info@smpk.kr

ⓒ 류창완 (저작권자와 맺은 특약에 따라 검인을 생략합니다)
ISBN 979-11-6534-641-6 (03320)

쌤앤파커스(Sam&Parkers)는 독자 여러분의 책에 관한 아이디어와 원고 투고를 설레는 마음으로 기다리고 있습니다. 책으로 엮기를 원하는 아이디어가 있으신 분은 이메일 book@smpk.kr로 간단한 개요와 취지, 연락처 등을 보내주세요. 머뭇거리지 말고 문을 두드리세요. 길이 열립니다.